Einstieg mit der Bildkartei

EINSTEIGEN

01

Bilder können Vorstellungen und Einstellungen, Erfahrungen und Erlebnisse, Meinungen und Ansichten oft besser darstellen als Wörter oder Satzanfänge. Das Sprichwort „Ein Bild sagt mehr als tausend Worte" hat seine Berechtigung. Bilder prägen sich viel leichter ein, sie bleiben dauerhaft im Gedächtnis und ermöglichen eine rasche Erinnerung. Bilder bringen den Betrachter△̈ schnell in Kontakt zu dem dargestellten Thema. Sie eignen sich deshalb gut für den Unterrichtseinstieg.

Benötigt wird eine kleine Sammlung von Bildern (Fotos, Zeichnungen, Karikaturen, Symbolen…), z. B. zum Thema „Jugend heute". Eine Bildkartei kann auch von Schülern△̈ zusammengestellt werden – aus Illustrierten und Tageszeitungen oder aus dem Internet. In der ersten Unterrichtsstunde in Bezug auf das Thema werden die Bilder in der Mitte des Klassenraums ausgelegt. Nun sucht sich jeder Schüler△̈ ein Bild aus, das ihn△̈ besonders anspricht und bestimmte Gedanken, Vorstellungen, Erfahrungen oder Meinungen auslöst.

Jeder△̈ stellt nun mit der Methode des „Rotierenden Partnergesprächs" (siehe S. 04/05) seinem gegenübersitzenden Partner△̈ sein Bild vor und erläutert, warum gerade dieses Bild ihn△̈ besonders angesprochen hat.

bpb: — *Herausgeberin:* Bundeszentrale für politische Bildung/bpb — *Autor:* Lothar Scholz — *Redaktion:* Iris Möckel — *Gestaltung:* www.leitwerk.com

EINSTEIGEN

02

Bildergeschichten und Unterrichtsplanung

Nach der Bildauswahl (siehe Seite 01) kann man gemeinsam Themen bestimmen und den Unterricht planen.

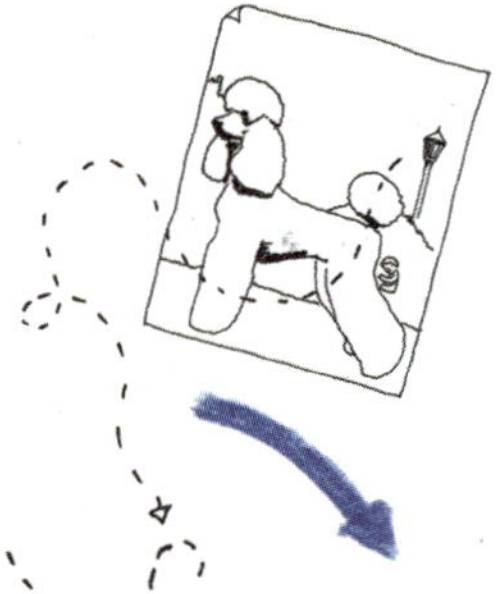

Nach zwei bis drei Durchgängen des Rotierenden Partnergesprächs zur Bildersammlung (siehe S. 01 und 04/05) setzt sich eine Kleingruppe (vier bis fünf Personen) zusammen. Die Aufgabenstellung lautet jetzt:

– Bringt eure Bilder in eine Reihenfolge, so dass eine aussagekräftige, vielleicht auch witzige Bildgeschichte zu dem Thema entsteht.

– Formuliert eine Überschrift; ihr könnt auch die einzelnen Bilder der Bildgeschichte mit Untertiteln versehen.

– Stellt durch einen Sprecher⚥ anschließend eure Bildgeschichte vor.

Eine andere Möglichkeit besteht darin, sich auf ein oder zwei Bilder in der Gruppe zu einigen, die für die Gruppenmitglieder am aussagekräftigsten sind, und über diese zu sprechen.

Nach den Gruppenvorträgen setzt sich die Kleingruppe wieder zusammen. Jetzt formulieren die Teilnehmer⚥ fünf Themen oder Fragestellungen, die im Zusammenhang mit dem Thema der Unterrichtseinheit wichtig sind. Wenn alle Themen der Gruppe zusammengetragen, sinnvoll sortiert („Clustern“ heißt der Fachbegriff hierfür) und mit kleinen Überschriften versehen sind, hat die Lerngruppe das Themen-Gerüst für die Gliederung der Unterrichtseinheit erstellt.

— *Herausgeberin:* Bundeszentrale für politische Bildung/bpb — *Autor:* Lothar Scholz — *Redaktion:* Iris Möckel — *Gestaltung:* www.leitwerk.com

Meine Visitenkarte

EINSTEIGEN

03

Neue Lerngruppe, neues Thema – da kommen gleich zwei Unbekannte ins Spiel, die verunsichern können, vor allem, wenn jeder Einzelne vor allen anderen etwas zu sich und zu einem Thema sagen soll. Diese Methode hilft, Unsicherheiten abzubauen, locker miteinander ins Gespräch zu kommen oder in ein Thema einzusteigen.*

Jeder* braucht ein DIN A 3 Blatt, das in vier gleich große Rechtecke aufgeteilt wird. In die Mitte zeichnet ihr einen Kreis, in den ihr euren Namen eintragt, möglicherweise ergänzt durch ein Symbol oder Zeichen, das ihr euch selbst gebt.

In jedes Rechteck schreibt ihr einen Satzanfang, der als Impuls zu dem Thema dient. Auf diese Satzanfänge habt ihr euch vorher geeinigt oder der Lehrer* hat sie vorgegeben. Ihr nehmt den Impuls auf und vervollständigt den Satz.

Nachdem jeder* seine „Visitenkarte“ ausgefüllt hat, gehen alle kreuz und quer durch den Raum. Nun sucht jeder* sich einen Partner*, den er* noch nicht so gut kennt. Ihr zeigt eure Namensschilder, indem ihr sie vor euren Körper haltet und tauscht euch miteinander aus. Das Ganze erfolgt in drei bis fünf Durchgängen.

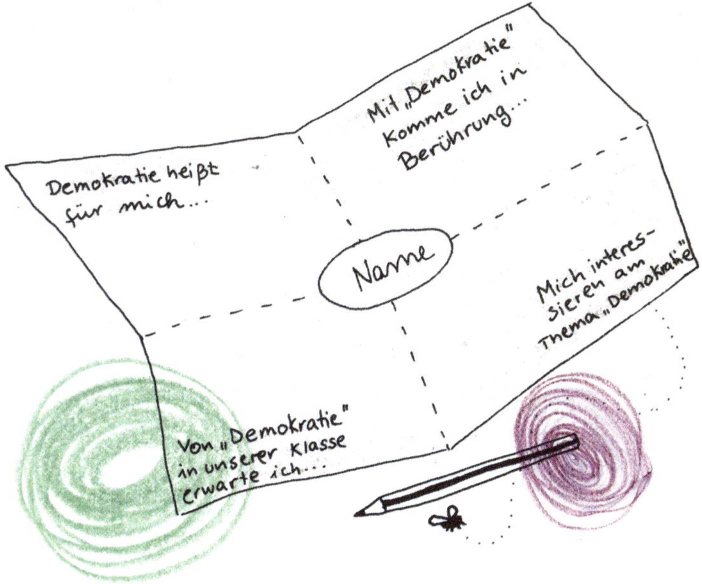

bpb: — *Herausgeberin:* Bundeszentrale für politische Bildung / bpb — *Autor:* Lothar Scholz — *Redaktion:* Iris Möckel — *Gestaltung:* www.leitwerk.com

EINSTEIGEN

04

Rotierendes Partnergespräch I

Wer in der Schule gelernt hat, sachbezogen und offen miteinander zu reden und einander zuzuhören, hat die Basisqualifikationen für die Fähigkeit „Kommunikationskompetenz" erworben. Sie ist im privaten und beruflichen Leben sehr wichtig. Auch im Unterricht gibt es genügend Gelegenheiten, Kommunikation zu üben. Der Schwerpunkt sollte aber darin liegen, dass die Schüler⚢ miteinander sprechen und nicht nur zum Lehrer⚢ hin.

Eine Methode, Gedanken, Meinungen, Ergebnisse oder auch Hausaufgaben untereinander auszutauschen, ist das so genannte „Rotierende Partnergespräch" oder auch „Kommunikatives Stühlerücken".

Dazu bildet ihr am besten einen großen Stuhlkreis. Jetzt zählt ihr der Reihe nach ab: A – B, A – B, A – B,… Die „B's" nehmen nun ihren Stuhl, tragen ihn in den Innenbereich und setzen sich den vormals rechts von ihnen sitzenden „A's" gegenüber.

Zuerst beginnen die im Innenbereich sitzenden Schüler⚢, den ihnen gegenüber im Außenbereich sitzenden Mitschülern⚢ z. B. Arbeitsergebnisse (etwa Hausaufgaben oder Assoziationen, siehe S. 09) vorzutragen. Danach fassen die außen sitzenden Schüler⚢ das zusammen, was sie gehört haben und tragen im Anschluss daran ihre Arbeitsergebnisse dem Gegenüber vor.

Auf ein Zeichen des Lehrers⚢ rücken nun die im Innenbereich sitzenden Schüler⚢ zwei Plätze nach links. Sie sitzen nun einer anderen Person gegenüber. Jetzt beginnen zuerst die außen sitzenden Schüler⚢ ihre Ergebnisse vorzutragen.

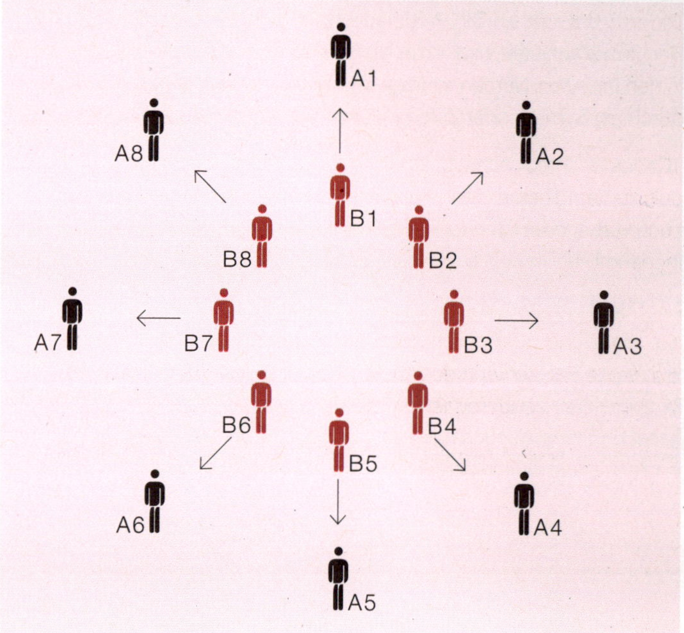

— *Herausgeberin:* Bundeszentrale für politische Bildung / bpb — *Autor:* Lothar Scholz — *Redaktion:* Iris Möckel — *Gestaltung:* www.leitwerk.com

Rotierendes Partnergespräch II

EINSTEIGEN
05

Die gegenüber sitzende Person wiederholt das Wichtigste und stellt ihrerseits ihre Ergebnisse dar. Nun wandern die innen sitzenden Schüler⚢ wieder zwei Plätze weiter nach links, beginnen mit dem Vortrag ihrer Ergebnisse vor neuen Partnern⚢. Diese wiederholen, sprechen dann ihrerseits, usw.

Da jeweils die Hälfte der Schüler⚢ gleichzeitig spricht, müssen die Gespräche mit gedämpfter Stimme geführt werden.

Wann das Rotierende Partnergespräch beendet werden soll, hängt von der Vielfalt der Arbeitsergebnisse oder dem Reichtum der Assoziationen ab. Gleichen sich die Ergebnisse weitgehend oder wiederholen sich die Aussagen, so kann der Austausch nach drei- bis viermaligem Weiterrücken abgebrochen werden.

Das rotierende Partnergespräch kann auch ohne Stühle im Stehen durchgeführt werden.

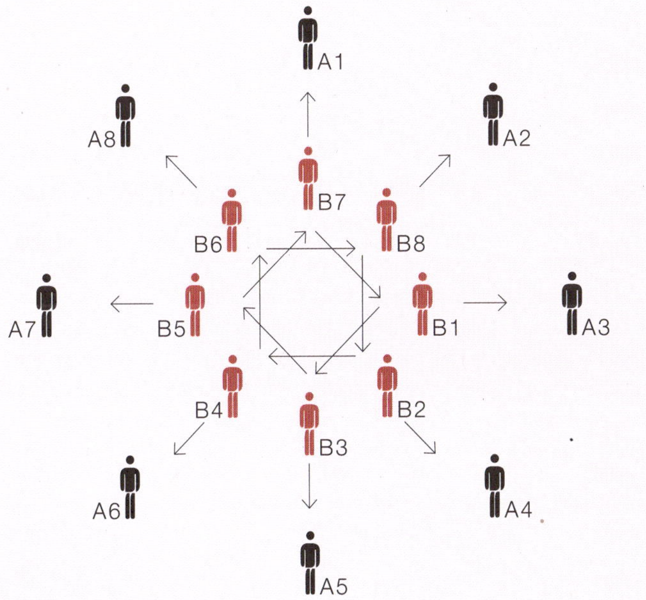

bpb: — *Herausgeberin:* Bundeszentrale für politische Bildung / bpb — *Autor:* Lothar Scholz — *Redaktion:* Iris Möckel — *Gestaltung:* www.leitwerk.com

EINSTEIGEN

06

Die Vier-Ecken-Methode

Früher mussten „freche" Schüler⚢ zur Strafe in der Ecke stehen, heute kann man die vier Ecken eines Unterrichtsraumes aber viel besser für eine interessante Methode nutzen. Jede Ecke steht dabei für eine Aussage oder eine Frage, der ihr euch zuordnen sollt. Damit könnt ihr euch, vor allem wenn eine neue Klasse/Gruppe gebildet worden ist, besser kennenlernen und ins Gespräch kommen. Ihr könnt so gemeinsame Ansichten und Interessen entdecken sowie erste Klärungen über ein Problem herbeiführen.

Ihr geht zu der Ecke, die Eurer Ansicht am ehesten entspricht und tauscht euch dort mit den Mitschülern⚢ aus, die ebenfalls diese Ecke gewählt haben. Unterhaltet euch darüber, warum ihr euch für diese Ecke entschieden habt.

Beispiel: In den Ferien...

- Ecke A: gehe ich am liebsten in den Bergen wandern
- Ecke B: schwimme ich am liebsten im Meer oder an der See
- Ecke C: faulenze ich am liebsten allein zu Hause
- Ecke D: bin ich am liebsten mit meinen Freunden⚢ zusammen.

Oder: Politik...

- Ecke A: ist für mich eine ganz spannende Angelegenheit
- Ecke B: ist nur was für Erwachsene
- Ecke C: interessiert mich überhaupt nicht
- Ecke D: sollte den Fachleuten überlassen bleiben.

— *Herausgeberin:* Bundeszentrale für politische Bildung/bpb — *Autor:* Lothar Scholz — *Redaktion:* Iris Möckel — *Gestaltung:* www.leitwerk.com

Impulse

IDEEN SAMMELN

07

Zu den meisten Themen aus dem Bereich Gesellschaft oder Politik haben wir Ansichten, Meinungen, (Vor-)Urteile. Diese sind häufig mit Ablehnung, Zustimmung oder einer noch unbestimmten Haltung verbunden. Diese Vor-Einstellungen, die oft unbewusst sind und erst durch ein Gespräch an die Oberfläche gelangen, sollten zu Beginn einer Auseinandersetzung mit einem Thema oder einem Problem zur Sprache kommen. Was fällt euch dazu ein?

Begriffs-Impulse

Der Lehrer gibt einen Satzanfang mit einem zentralen Begriff des vorgesehenen Unterrichtsthemas, z. B. „Familie", „Dritte Welt", „Parteien", als Impuls vor. Ihr vollendet diesen Satz, indem ihr eure Gedanken zu dem Begriff aufschreibt.

Beispiele für solche Aufgaben können sein:

a) „Wenn ich an ‚Familie' denke,…"
b) „‚Parteien' sind für mich…"
c) „Bei ‚Freundschaft' denke ich an…"
d) „Zu dem Impulsbegriff ‚Meine Zukunft' fällt mir ein..."

Ihr solltet euch zu Beginn auf eine gemeinsame Impulsaufgabe festlegen. Jeder „assoziiert" nun zu dem Impulssatz oder dem Impulswort weitere Wörter und Sätze und führt mit eigenen Gedanken den Satzanfang weiter oder schreibt die Wörter zu den Impulsbegriffen auf, die ihm dazu einfallen. Anschließend könnt ihr mit der Methode des „Rotierenden Partnergesprächs" (siehe Seite 04/05) die Begriffe oder Sätze austauschen. Nach zwei bis drei Durchgängen setzt ihr euch in einer Kleingruppe (vier bis fünf Personen) zusammen. Ihr einigt euch jetzt auf Begriffe, die in Bezug auf das Thema von Bedeutung sind. Diese Begriffe werden aus allen Gruppen zusammengetragen und können dann Grundlage für die weitere Bearbeitung des Themas der Unterrichtseinheit sein.

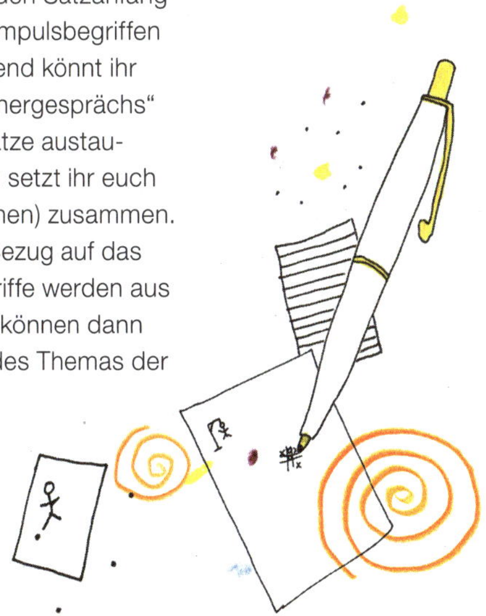

bpb: — *Herausgeberin:* Bundeszentrale für politische Bildung/bpb — *Autor:* Lothar Scholz — *Redaktion:* Iris Möckel — *Gestaltung:* www.leitwerk.com

IDEEN SAMMELN

08

Buchstaben-Verbindungen

Etwas schwieriger, als mit vorgegebenen Satzanfängen (siehe Seite 07) seine Einfälle zu einem Thema zu formulieren, sind Gedankenverbindungen (Assoziationen) mit Hilfe von Buchstaben. Das können entweder die Buchstaben eines Impulswortes oder ganz allgemein die Buchstaben des Alphabets sein.

a) Alphabet

Beispiel: Nehmt die Buchstaben des Alphabets als Anfangsbuchstaben für Wörter, die ihr mit dem Impulswort „Umwelt“ verknüpft.

A – Atomkraftwerke	O – Ozeane
B – Bleigehalt	P –
C – Cadmium	Q –
D – Dürre	R –
E – Energiesicherheit	

b) Buchstaben-Impulse

Bildet mit den Anfangsbuchstaben eines Impulswortes Begriffe, die ihr mit diesem Wort verbindet – hier ein Beispiel anhand von „Demokratie“:

D – Direktwahl	R – Regierung
E – Engagement	A – Abgeordnete
M – Mandat	T – Transparenz
O – Opposition	I – Interessenvertretung
K – Kontrolle	E – Erststimme

c) Impuls-Buchstaben

Baut die Buchstaben eines Impulswortes (waagrecht) in Wörter (senkrecht) ein, die ihr mit dem Begriff in Verbindung bringen könnt – ein Beispiel anhand von „Gerechtigkeit“:

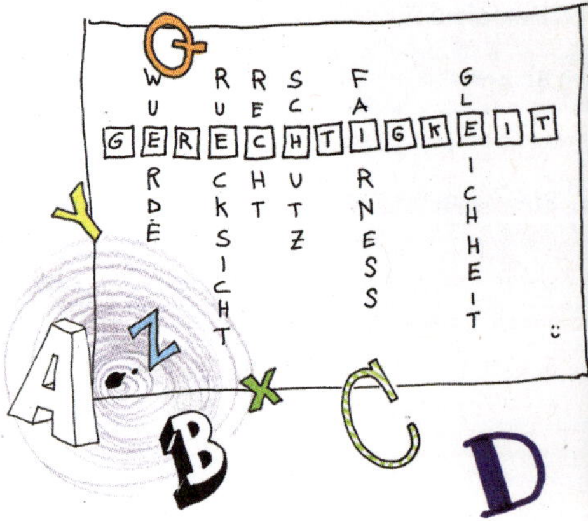

— *Herausgeberin:* Bundeszentrale für politische Bildung / bpb — *Autor:* Lothar Scholz — *Redaktion:* Iris Möckel — *Gestaltung:* www.leitwerk.com

bpb:

„Gehirnsturm“ (Brainstorming)

IDEEN SAMMELN

09

Brainstorming heißt wörtlich übersetzt: „Gehirnsturm“ und ist eine sehr bekannte Kreativitätsmethode. Dabei werden kommentarlos und ohne Wertung spontane Einfälle für die Lösung von Problemen gesammelt und aufgeschrieben. Jede Idee zählt dabei gleich viel.

Ihr geht am besten so vor

1. Formulierung des Problems

Ein Problem wird vom Lehrer△ oder einem Schüler△ vorgetragen und formuliert, zum Beispiel:

Einige Schüler△ werden in der Klasse gehänselt. Sie fühlen sich daher sehr unwohl und wollen die Klasse verlassen. Was können wir dagegen tun ?

Das Problem sollte so ausführlich beschrieben werden, dass alle Schüler△ verstanden haben, was genau gemeint ist.

2. Brainstorming

Die Schüler△ werden aufgefordert, zügig und relativ spontan so viele Vorschläge zur Lösung des Themas zu nennen, wie ihnen einfallen. Diese Vorschläge werden auf Karten oder an der Tafel aufgeschrieben. Die Dauer des Brainstormings sollte 15 bis 20 Minuten nicht übersteigen.

Dabei gelten folgende Regeln

- Jede Idee wird sofort kurz und knapp ausgesprochen.
- Es darf keine Bewertung oder Kritik zu einer vorgetragenen Idee geäußert werden.
- Jede Idee wird stichwortartig notiert (auf einer Karte, auf Flipchart oder der Tafel).

3. Auswertung

Anschließend werden die Ideen gesichtet, geordnet und bewertet. Beim Sortieren könnt ihr Oberbegriffe formulieren, denen die einzelnen Ideen zugeordnet werden. Anschließend können diese Oberbegriffe sortiert oder gewichtet und damit in eine Reihenfolge gebracht werden (z. B. Priorisierung durch Bepunktung).

Für das Brainstorming gilt: Es ist günstiger, wenn die Gruppen nicht zu groß sind (max. 8 bis 10 Leute).

bpb — *Herausgeberin:* Bundeszentrale für politische Bildung / bpb — *Autor:* Lothar Scholz — *Redaktion:* Iris Möckel — *Gestaltung:* www.leitwerk.com

IDEEN SAMMELN

10

Die Methode 6 – 3 – 5

Auch diese Methode dient zum Finden von Ideen. Im Gegensatz zum mündlichen Brainstorming schreibt ihr hier eure Ideen auf, deshalb wird sie auch „Brainwriting“ genannt. Dabei wird eine bestimmte Zeit festgelegt und ein fester Ablauf ist vorgeschrieben: Die Bezeichnung 6 – 3 – 5 gibt die Spielregeln vor.

Brainwriting

Sechs Schüler* sitzen an einem Tisch und entwickeln Lösungsvorschläge für ein gestelltes Problem. Innerhalb einer festgelegten Zeit (z. B. sieben Minuten) schreibt jeder* in drei vorgegebene Felder auf einem Blatt je eine Idee. Anschließend wird das Blatt zum linken Nachbarn* weitergegeben. Dies geschieht fünf mal hintereinander.

Jeder* liest also das Blatt, das er* erhält, durch, lässt sich durch die aufgeschriebenen Vorschläge zu neuen Ideen anregen, ergänzt diese Ideen in der darunter liegenden waagerechten Reihe durch drei eigene Ideen und gibt das Blatt dann weiter.

Ihr dürft in dieser Phase der Ideensammlung nicht miteinander sprechen. Ihr solltet dabei leserlich schreiben.

Auswertung

Die Blätter werden aufgehängt und können von allen während eines Rundgangs noch einmal betrachtet werden. Jeder Schüler* soll nun die Ideen auf jedem Blatt bewerten: alle sollen jeweils drei (oder zwei) Ideen, die ihm* zusagen blau markieren, und drei (oder zwei) Ideen, die er* ablehnt, rot markieren. Das kann während des Rundgangs auf den aufgehängten Blättern geschehen oder ihr geht auf eure Plätze zurück und die Blätter werden noch einmal in der Gegenrichtung herumgegeben.

Anschließend betrachtet ihr die Bewertungen gemeinsam und stellt eine Rangliste oder eine Auflistung der Ideen her.

Besonders geeignet ist diese Methode für eine konkrete und eingegrenzte Problemfrage. Sie kann sich auch aus einem gemeinsam gelesenen Text ergeben.

Beispiel für ein Brainwriting-Blatt

Thema: „Welche Regeln sollten für Handys in der Schule gelten?“

verbieten	feste Zeiten	nur Notrufe

— *Herausgeberin:* Bundeszentrale für politische Bildung / bpb — *Autor:* Lothar Scholz — *Redaktion:* Iris Möckel — *Gestaltung:* www.leitwerk.com

Schreibgespräch

Viele von euch sind schon ganz schön fit in der Methode „Schreibgespräch", obwohl ihr euch dessen wahrscheinlich gar nicht bewusst seid. Weil man ja oft im Unterricht nicht sprechen darf, schreibt ihr euch kleine Zettel zu allen möglichen Themen, die unter dem Tisch hin und her gereicht werden, versehen jeweils mit schriftlichen oder zeichnerischen Kommentaren. Im Übrigen ist Simsen (SMS-Schreiben) auch nichts anderes als ein Schreibgespräch.

Das Schreibgespräch als geplante Unterrichtsmethode verläuft im Prinzip genauso: Ohne zu sprechen, also in einer stillen Atmosphäre, werden Kommentare, Stellungnahmen und Ansichten zu einem Thema oder Problem formuliert. Der Unterschied: Dies geschieht nicht verdeckt unter dem Tisch auf kleinen Zetteln, sondern offen auf größeren Papierformaten (Poster, Flipchart-Papier etc.). Es handelt sich hier nicht um eine private Kommunikation zwischen zwei oder drei Freunden, sondern um eine offene mit allen Schülern einer Gruppe.

So geht ihr vor

Ein Thema wird in vier oder fünf Fragestellungen oder Thesen gegliedert. Es können auch provokante Aussagen oder Impulssätze (siehe S. 07) sein. Die kurzen Texte oder Überschriften werden jeweils auf ein großformatiges Blatt Papier (Poster) geschrieben und auf mehreren Tischen ausgelegt. Ihr geht nun zu den Tischen und schreibt eure Ansichten, Bemerkungen oder Kommentare auf die einzelnen Blätter. Ihr könnt auch Symbole, Smileys oder kleine Zeichnungen hinterlassen. Diese können wiederum von den anderen kommentiert oder weiterentwickelt werden. Im Verlauf dieses Rundgangs entstehen so Poster, die immer mehr mit Kommentaren, Ideen und Anmerkungen gefüllt werden.

Auswertung

Diese Poster werden nun einzelnen Gruppen zugelost, die sie auswerten. Dabei kann die Aufgabe zum Beispiel lauten, die Aussagen der Poster in wenigen Sätzen oder Thesen zusammenfassend darzustellen.

Beispiel: fünf Thesen für ein Schreibgespräch zum Thema Europa

- „Europa bedeutet für mich..."
- „Deutschland ist für mich viel wichtiger als Europa."
- „Wir sollten uns mehr auf die Probleme der Welt konzentrieren als auf Europa."
- „Auf Europa können wir stolz sein."
- „Europa ist viel zu schwach, um sich gegen die USA oder China zu behaupten."

— *Herausgeberin:* Bundeszentrale für politische Bildung / bpb — *Autor:* Lothar Scholz — *Redaktion:* Iris Möckel — *Gestaltung:* www.leitwerk.com

IDEEN SAMMELN

12

Gedanken-Landkarte (Mind Map)

Blätter beschreibt man bei uns meistens von oben nach unten und von links nach rechts, also linear. Diese Form des Aufschreibens eignet sich aber nur sehr bedingt für das Aufschreiben von Ideen und andere kreative Formen der Verschriftlichung. Eine Mind Map bietet eine gehirngerechte Form, Gedanken, Ideen und Zusammenhänge ohne strenge Struktur aufzuschreiben. Sie ist ein vielfältig verwendbares grafisches Hilfsmittel, das man selbst entwickeln kann.

In der Mitte eines quer gelegten Blattes zeichnest du einen Kreis (bzw. ein Oval), in den du das Thema schreibst. Wenn du nun deinen Gedanken zu diesem Thema freien Lauf lassen willst, so kannst du von dem Kreis ausgehend nach und nach Äste nach allen Richtungen zeichnen, auf die du die ersten Gedanken – in Stichworten! – schreibst, die dir so einfallen. Nach und nach hast du weitere Ideen, dir fallen auch weitere Unterpunkte zu den Stichworten auf den Ästen ein – dann kannst du an die Äste Zweige hängen, auf die du weitere Stichworte schreibst. So entsteht nach und nach eine Ideen-Landschaft, die du nach deinen Einfällen gestaltest. Durch anregende Symbole und andere Zeichnungen kannst du die Anschaulichkeit deiner Mind Map noch erhöhen.

Du kannst eine Mind Map auch anfertigen
– als Spickzettel für einen freien Vortrag
– als Präsentation des Inhalts eines Themas oder Textes.

Mind Mapping ist eine kreative Arbeitstechnik, die der vernetzten Struktur unseres Gehirns entspricht, Auf einen Blick erkennt man die wichtigsten Begriffe und Zusammenhänge eines Themas. Und Mind Mapping kann auch richtig Spaß machen!

— *Herausgeberin:* Bundeszentrale für politische Bildung / bpb — *Autor:* Lothar Scholz — *Redaktion:* Iris Möckel — *Gestaltung:* www.leitwerk.com

„Mind Map“ als Gedanken-Landkarte

IDEEN SAMMELN

13

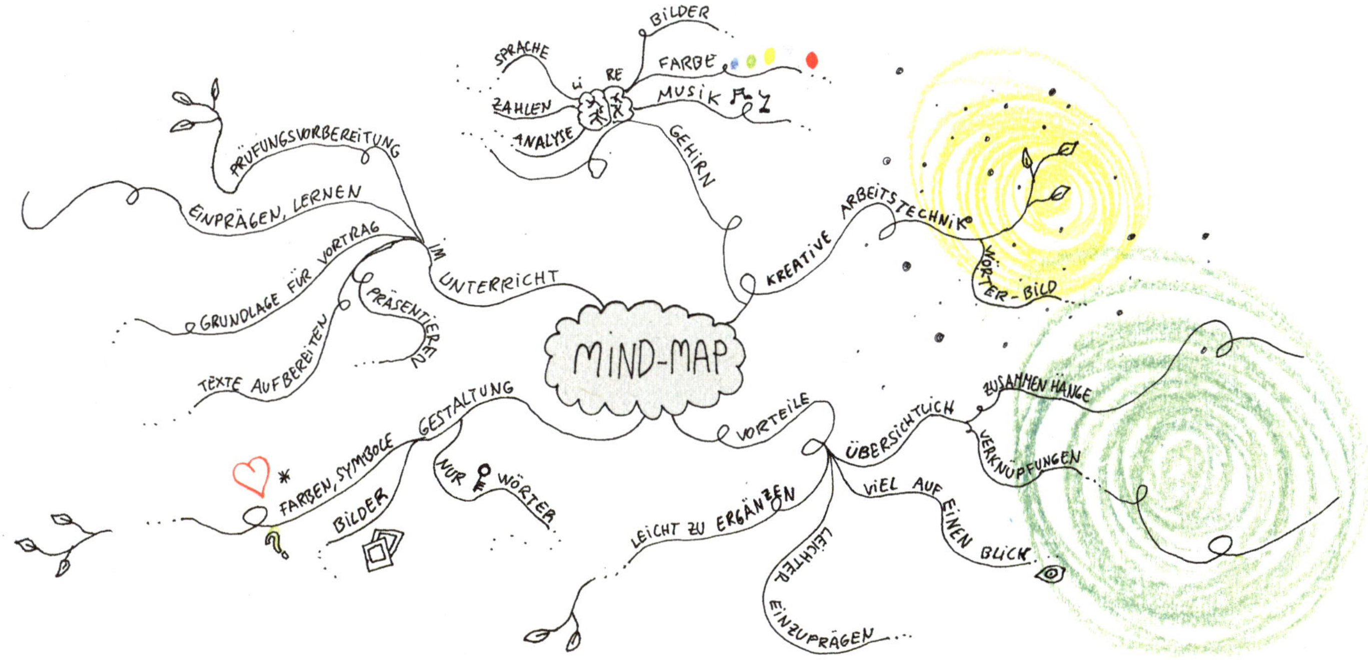

bpb — *Herausgeberin:* Bundeszentrale für politische Bildung / bpb — *Autor:* Lothar Scholz — *Redaktion:* Iris Möckel — *Gestaltung:* www.leitwerk.com

SELBSTÄNDIG

14

Die Fünf-Schritt-Lesemethode

Sachtexte, vor allem Zeitungsberichte, sind oftmals schwer verständlich geschrieben. Mit der Fünf-Schritt-Lese-Methode kann es leichter fallen, den Inhalt zu begreifen.

So geht ihr vor

1. Im ersten Schritt verschafft ihr euch einen groben Überblick über den Text. Die Überschrift, die Anfänge der einzelnen Abschnitte, Schlüsselwörter oder bekannte Begriffe können euch dabei eine Vorstellung von dem Textinhalt vermitteln. Der Text wird überflogen.

2. Ihr überlegt, um welche Fragen oder Probleme es in dem Text geht. Ihr fragt: Worum geht es?

3. Jetzt wird der Text gründlich gelesen. Unterstreicht und markiert euch dabei die wichtigsten Aussagen (keine ganzen Sätze!) oder Schlüsselbegriffe. Achtet aber darauf, dass ihr nicht zuviel unterstreicht, damit die Übersicht über die wesentlichen Textaussagen erhalten bleibt. Unbekannte Begriffe schreibt ihr heraus und klärt sie mit Hilfe eines Lexikons oder indem ihr den Lehrer♂♀ fragt. Lasst euch dabei genügend Zeit, um den Inhalt auch zu erfassen.

4. Fasst die einzelnen Abschnitte in eigenen Worten kurz zusammen und formuliert Überschriften.

5. Nun wiederholt ihr die wichtigsten Informationen des Textes. Mit Hilfe der unterstrichenen Schlüsselwörter könnt ihr dann sicher vor eurer Gruppe oder ganzen Klasse einen kleinen Vortrag über den Bericht halten.

6. Sucht euch in eurer Tageszeitung einen Übungstext, an dem ihr die Methode ausprobieren könnt.

— *Herausgeberin:* Bundeszentrale für politische Bildung / bpb — *Autor:* Lothar Scholz — *Redaktion:* Iris Möckel — *Gestaltung:* www.leitwerk.com

Kritische Bild-Analyse

SELBSTÄNDIG
15

Bilder können aufdecken, erhellen, zu Erkenntnissen und Urteilsbildung führen. Bilder können aber auch täuschen, lügen, verschweigen, Interessen und Ideologien transportieren. Deshalb ist es notwendig, Bilder, Abbildungen, Fotos und visuelle Texte kritisch zu betrachten, um Bildabsichten zu erkennen.

Folgende Fragen können dabei hilfreich sein

1. Wer oder was ist abgebildet?

2. Welche Handlungen, Tätigkeiten, Beziehungen sind erkennbar?

3. Welche Bedeutung haben: Perspektive, Ausschnitt, Umgebung, Belichtung, Farben, Aussehen, Haltung, Gestik, Mimik der abgebildeten Personen?

4. Soll ein bestimmter Eindruck vermittelt werden? Welcher?

5. Wie empfinde ich die Szene? Welchen Eindruck vermittelt sie mir?

6. Welche Informationen brauche ich noch, um das Bild angemessen verstehen zu können?

bpb: — *Herausgeberin:* Bundeszentrale für politische Bildung / bpb — *Autor:* Lothar Scholz — *Redaktion:* Iris Möckel — *Gestaltung:* www.leitwerk.com

SELBSTÄNDIG

16

Karika-Tour I

Eine Karikatur ist eine zeichnerische Darstellungsform, mit der der Karikaturist einen Sachverhalt aus Politik, Wirtschaft oder Gesellschaft in einer überspitzten Art und Weise zum Ausdruck bringt und interpretiert. Ihr findet Karikaturen sehr oft in Tages- oder Wochenzeitungen.*

Die Methode Karika-Tour dient dazu, mit Hilfe unterschiedlicher Karikaturen einen Überblick über Interpretationen eines Themas zu erhalten. Dazu werden vier oder sechs Karikaturen an den Wänden eures Klassenzimmers aufgehängt. In Kleingruppen betrachtet ihr nun die einzelnen Darstellungen und stellt euch beispielsweise folgende Fragen: Wie sieht der Karikaturist* das Thema? Auf welches Problem macht er* aufmerksam?

Nach etwa zwei bis drei Minuten wechseln die Gruppen auf ein Signal des Lehrers* im Uhrzeigersinn zur nächsten Karikatur. Diese wird unter der gleichen Fragestellung betrachtet. Wenn der Rundgang abgeschlossen ist, werden die Bilder abgehängt. Der Lehrer* lässt nun jede Gruppe verdeckt eine Karikatur ziehen.

Mit Hilfe eines Frage-Leitfadens (siehe S. 17) bespricht jede Gruppe ausführlicher „ihre“ Karikatur.

— *Herausgeberin:* Bundeszentrale für politische Bildung / bpb — *Autor:* Lothar Scholz — *Redaktion:* Iris Möckel — *Gestaltung:* www.leitwerk.com

Karika-Tour II

SELBSTÄNDIG

17

Frage-Leitfaden zu den Karikaturen

1. Was stellt der Zeichner* dar?
– Aussage oder Thema der Karikatur

2. Wie und mit welchen Mitteln (Figuren, Objekte, Symbole) wird das Thema dargestellt?
– zeichnerische Elemente

3. Ist aus der Karikatur eine bestimmte Einstellung, Meinung oder Deutung des* Zeichners* erkennbar?
– Tendenz der Karikatur

4. Wie beurteilt ihr die Aussage der Karikatur?
– eigene Meinung

5. Welche Fragen ergeben sich für euch aus der Karikatur?
– weitere Fragen

Eine interessante Methode, die Ergebnisse eurer Kleingruppenarbeit untereinander auszutauschen, ist zum Beispiel die Fish-Bowl-Methode (siehe S. 26).

Dokumentation der Antworten:

– Ihr könnt die unten stehende Illustration als Vorlage für eine Tabelle nutzen und eure Antworten eintragen.

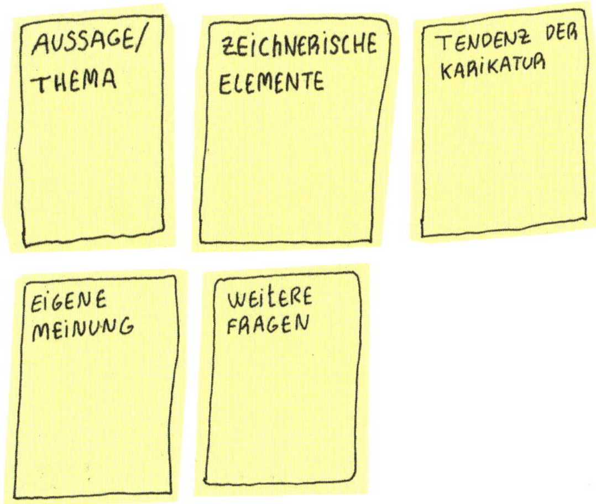

bpb: — *Herausgeberin:* Bundeszentrale für politische Bildung / bpb — *Autor:* Lothar Scholz — *Redaktion:* Iris Möckel — *Gestaltung:* www.leitwerk.com

SELBSTÄNDIG

18

Planungshilfe I: Problem erfassen

In anspruchsvollem Unterricht stehen oft Problemstellungen im Mittelpunkt, die selbständig bearbeitet werden müssen. Dabei ist es wichtig, systematisch und klar strukturiert vorzugehen. Hier kommen Vorschläge dafür:

1. Arbeitsschritt: das Problem erfassen

a) Leitfrage: Worum geht es, und was hat das Problem / Thema mit mir / uns zu tun?

b) Arbeits- und Erschließungsfragen:

- Um welchen Sachverhalt, welches Ereignis, Thema, Problem geht es?
- Wer ist von dem Problem betroffen?
- Wie stehe ich dazu?
- Wie empfinde, fühle, denke ich?
- Welche Erfahrungen habe ich / haben wir dazu?
- Was wissen wir bereits?
- Welche verschiedenen Meinungen und Ansichten gibt es dazu?
- Welche Interessen haben die Beteiligten?
- Welche Fragen ergeben sich für uns?
- Welche Vermutungen oder Lösungsvorschläge kommen in Frage?

c) Methoden und Arbeitstechniken (Beispiele):

- Brainstorming (siehe Seite 09)
- Assoziationen (siehe Seite 07 / 08)
- Blitzlicht (siehe Seite 56)
- KARIKA-Tour (siehe Seite 16 / 17)
- Pro- und Contra-Austausch (siehe Seite 30 / 31)
- Kartenabfrage und Clustern (siehe Seite 57)

— *Herausgeberin:* Bundeszentrale für politische Bildung / bpb — *Autor:* Lothar Scholz — *Redaktion:* Iris Möckel — *Gestaltung:* www.leitwerk.com

Planungshilfe II: Arbeitsplan entwerfen

SELBSTÄNDIG

19

Diese Planungshilfe gliedert sich in vier Arbeitsschritte und wird konkretisiert durch Leitfragen, Arbeits- und Erschließungsfragen sowie Methoden und Arbeitstechniken.

2. Arbeitsschritt: einen Lern- und Arbeitsplan entwerfen und ausführen

a) Leitfrage:

- Wie gehen wir vor, um das Problem zu bearbeiten?
- Wie organisieren wir unsere Arbeit?

b) Arbeits- und Erschließungsfragen:

- Was können wir tun, um unsere Fragen zu beantworten?
- Welche Informationen fehlen uns?
- Wo und bei wem können wir uns informieren?
- Welche Arbeits- und Lerntechniken wenden wir an?
- Welche Arbeitsmittel benötigen wir?
- Wie verteilen wir die Aufgaben?
- Wieviel Zeit nehmen wir uns dafür?
- Welchen Kriterien sollte unser Arbeitsergebnis genügen?

c) Methoden und Arbeitstechniken (Beispiele):

- Quellen- und Textanalysen
- Nachschlagen, recherchieren (u. a. im Internet, siehe Seite 22/23)
- Befragen, interviewen
- Beobachten, erkunden
- Einen Arbeits- und Zeitplan erstellen:

Bei der Durchführung der Arbeitsschritte sollte immer bereits darauf geachtet werden, welche Informationsmaterialien (Texte, Quellen, Bilder, Gegenstände) sich für die Präsentation der Arbeitsergebnisse eignen.

d) Arbeits-und Zeitplan:

Wer	macht was	mit wem	bis wann

Planungshilfe III: Ergebnisse präsentieren

3. Arbeitsschritt: Arbeitsergebnisse vorstellen und präsentieren

a) Leitfrage: Wie können wir unsere Ergebnisse auf möglichst interessante Weise veröffentlichen?

b) Arbeits- und Erschließungsfragen zu den inhaltlichen Ergebnissen unserer Arbeit:

- Zu welchen Ergebnissen oder Schlussfolgerungen sind wir gelangt?
- Welche Bedeutung und Auswirkungen haben unsere Vorschläge für die Beantwortung unserer Fragen bzw. die Lösung des Problems?
- Wie können wir aktiv werden, Einfluss nehmen oder uns beteiligen? (S. 60)

c) Zur Präsentation unserer Ergebnisse (siehe S. 46–49):

- Wie können unsere Ergebnisse Interesse wecken?
- Welche Präsentationsform wählen wir?
- Welche Hilfsmittel und Utensilien benötigen wir für die Darstellung?
- Wie beziehen wir die Zuhörer◬ und Beobachter◬ mit ein?

d) Methoden und Arbeitstechniken, Darstellungsformen, z. B.:

- Thesenpapier und Ergebnisvortrag
- Grafische Darstellungen, Schaubilder, Mind-Map (S. 46/47, 12/13)
- Folienvortrag mit Overheadprojektor oder PC
- Collagen, Wandzeitung
- Rollenspiel, szenische Darstellung, Streitgespräch (S. 36–41, 30/31)
- Aufgabenblätter, Rätsel, Lückentext für die Mitschüler◬ (S. 42/43)

Auf den Seiten 4/5 und 24–27 findet ihr weitere methodische Vorschläge zum Austausch von Gruppenergebnissen.

— *Herausgeberin:* Bundeszentrale für politische Bildung/bpb — *Autor:* Lothar Scholz — *Redaktion:* Iris Möckel — *Gestaltung:* www.leitwerk.com bpb:

Planungshilfe IV: Ergebnisse bewerten

4. Arbeitsschritt: die eigenen und fremden Arbeitsergebnisse bewerten und über den Arbeitsprozess nachdenken

a) Leitfrage: nach welchen Kriterien bewerten wir die Arbeitsergebnisse, und wie können wir unsere Arbeit verbessern?

b) Arbeits- und Erschließungsfragen:

- Sind wir mit unseren Ergebnissen zufrieden? (S. 57)
- Welche Schwierigkeiten oder Reibungen sind aufgetaucht?
- Wie haben wir sie versucht zu lösen?
- Was müssen wir das nächste Mal anders oder besser machen?

c) Methoden und Arbeitstechniken, z. B.:

- Kartenabfrage (S. 57)
- Blitzlicht (S. 56)
- Unterrichtsgespräch
- Feedback (S. 50–53)
- Auswertungsbogen (Fragebogen) (S. 57)
- Evaluationszielscheibe und andere grafische Evaluationsinstrumente (S. 58/59)

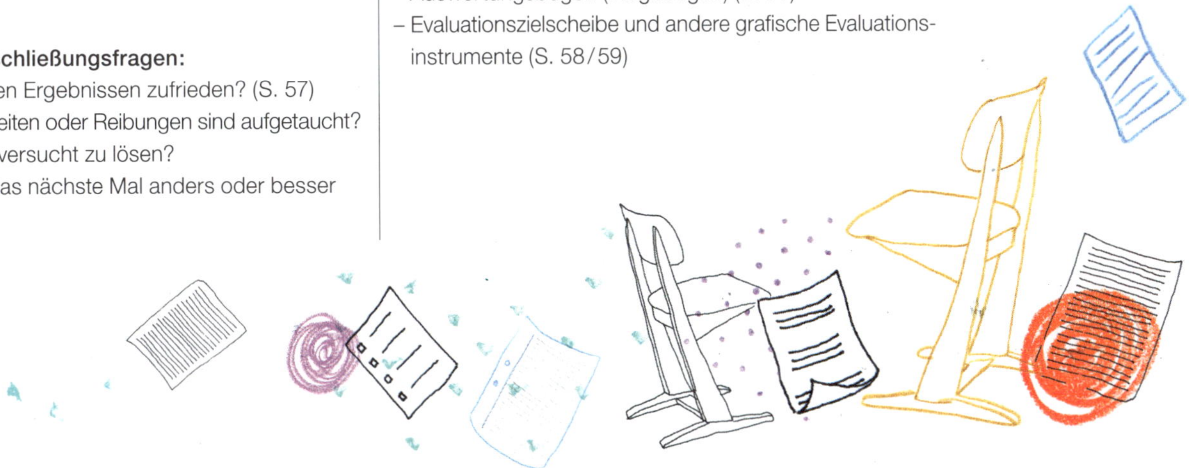

bpb: — *Herausgeberin:* Bundeszentrale für politische Bildung/bpb — *Autor:* Lothar Scholz — *Redaktion:* Iris Möckel — *Gestaltung:* www.leitwerk.com

Informations-Beschaffung

Wir leben in einer Wissens- oder Informationsgesellschaft. Wissen vermehrt sich tagtäglich in einem unvorstellbaren Ausmaß. Forscher der Universität von Berkeley haben ermittelt, dass der Informationszuwachs pro Jahr 5 Millionen Terabyte beträgt. Würde man diese Datenmenge ausdrucken, so ergäbe das für jeden der 6,8 Milliarden Erdbewohner eine Buchreihe von ca. acht Metern.*

An Wissen und Informationen heranzukommen, ist heute sehr einfach geworden. Neben Bibliotheken ist es vor allem das Internet mit seinem bekannten „World Wide Web", das weltweit Daten digital bereithält.

4 Schritte sollten bei jeder Informationsbeschaffung (Recherche) berücksichtigt werden:

1. Überlegt, was ihr sucht

Je präziser ihr wisst, was ihr sucht, umso besser könnt ihr am Ende beurteilen, ob die gefundenen Informationen euren Erwartungen entsprechen. Hilfreich ist eine schriftliche Formulierung der Fragen oder eine Gliederung des Themas.

2. Überlegt, wo ihr sucht

In der Bibliothek könnt ihr euch eine erste Übersicht über ein Thema verschaffen. Die Bücher, Zeitungen und Zeitschriften sind geordnet und übersichtlich aufbereitet, die Informationen sind vertrauenswürdig und jahrelang verfügbar. Nachteile sind die geringere Aktualität und die begrenzte Auswahl an Publikationen.

Das Internet bietet eine unüberschaubare Fülle an Material an, ist aktueller und überall verfügbar. Allerdings ist es schwierig, die wichtigen, zutreffenden und verlässlichen Informationen zu finden. Hier müsst ihr selbst Entscheidungskriterien für die Auswahl finden und anwenden.

3. Überlegt, wie ihr sucht

Sehr wichtig ist, wie ihr die Suchanfrage stellt. In Bibliotheken könnt Ihr die Kataloge nutzen und oft auch jemanden fragen, der euch Suchhinweise oder Hilfestellungen geben kann. Im Internet erhaltet ihr durch die Eingabe von Wörtern in das Suchfeld einer Suchmaschine unzählige Einträge, Texte, Websites, die eure Suchwörter enthalten. Durch Anklicken kann man sie direkt aufrufen. Aber Achtung: Es ist unendlich viel Datenmüll dabei!

4. Beurteilt eure Rechercheergebnisse: wie gut sind sie?

Hilft das Gefundene bei der Klärung der ursprünglichen Aufgabe? Habt ihr die passenden Informationen gefunden? Genügen sie euren Qualitätsansprüchen? Sind die Anbieter* von Informationen seriös? Welche Fragen bleiben offen? Wie und wo könnt oder müsst ihr weitersuchen?

— *Herausgeberin:* Bundeszentrale für politische Bildung / bpb — *Autor:* Lothar Scholz — *Redaktion:* Iris Möckel — *Gestaltung:* www.leitwerk.com

Tipps für Recherchen im Internet

SELBSTÄNDIG

23

Erste Recherchen im Internet stellt ihr am einfachsten über Suchmaschinen und Webkataloge an. Dort gebt ihr einen oder mehrere Suchbegriffe ein und erhaltet dann Vorschläge für Seiten, auf denen diese Begriffe vorkommen. Suchmaschinen suchen Suchbegriffe unabhängig davon, in welchen Zusammenhang diese stehen. Deshalb solltet ihr genau formulieren, wonach ihr sucht. Anschließend solltet Ihr die Glaubwürdigkeit der Informationen überprüfen.

Bekannte Suchmaschinen sind:
www.google.de, www.infoseek.de, www.lycos.de, www.altavista.com, www.vivisimo.de, www.metaspinner.de

Webkataloge werden redaktionell betreut und zeigen ausgewählte Links als „Inhaltsverzeichnis“ an. Die Suche ist stärker themenzentriert.

Tipps zur Verfeinerung von Suchaufträgen:

- mehrere Wörter konkretisieren die Suche
- Wenn ihr vor jedes Wort ein + setzt, müssen alle Worte im Suchergebnis vorkommen.
- Durch ein - (Minus mit Leerzeichen davor) vor dem Wort werden unerwünschte Treffer von Beginn an ausgeschlossen, z. B. mehrdeutige oder zusammengesetzte Namen oder Begriffe.
- Mit Anführungszeichen vor und nach mehreren Suchwörtern („Phrasen“) sucht die Suchmaschine nach genau diesem Ausdruck.
- In der „erweiterten Suche“ findet ihr bei jeder Suchmaschine weitere Möglichkeiten, die Sucheinstellungen zu verfeinern.

Fragen, um die Glaubwürdigkeit der Informationen zu überprüfen:

- Wer ist der Anbieter* der Information? Ist er* bekannt und seriös (z.B. öffentlicher Träger, große Tages- oder Wochenzeitungen)?
- Hat die Seite ein Impressum oder einen Kontakthinweis (z.B. „Über uns“), in dem steht, wer Anbieter* der Seite oder für den Inhalt verantwortlich ist? Kein Impressum: unseriöse Seite
- Wie aktuell sind die Informationen?
- Werden Quellen oder Verfasser* angegeben?
- Um welche Art von Information handelt es sich (wissenschaftlicher Beitrag, Original-Quelle, Presseberichte, Kommentare, private Meinungsäußerungen)?
- Sind die Informationen überprüfbar, widerspruchsfrei und überzeugend?
- Wird das Thema kontrovers dargestellt? Sind erkennbar Informationen weggelassen?
- Wie professionell wirkt die Website?
- Welche Bedeutung hat Werbung auf der Seite?

Recherchemöglichkeiten für Inhaber* von Internetseiten (Domains), wenn sich auf der Seite nichts über den Verfasser* finden lässt:

- deutsche Domains: www.nic.de,
- internationale Domains:

www.networksolutions.com,

Urheberrecht
Eine Internetseite der Bundeszentrale für politische Bildung informiert über Wichtiges zum Thema Urheberrecht und Internet: www.bpb.de/gesellschaft/medien/urheberrecht

bpb — *Herausgeberin:* Bundeszentrale für politische Bildung / bpb — *Autor:* Lothar Scholz — *Redaktion:* Iris Möckel — *Gestaltung:* www.leitwerk.com

AUSTAUSCHEN

24

Gruppen-Puzzle I

Hier lernt ihr eine Methode kennen, wie ihr euch gegenseitig die Ergebnisse von arbeitsteiligen Gruppenarbeiten vermitteln könnt. Das Interessante an diesem Verfahren ist, dass alle Schüler an der Weitergabe und dem Austausch der Gruppenergebnisse beteiligt sind und nicht nur Einzelne – wie dies beim klassischen Gruppenvortrag der Fall ist.*

1. Schritt:

Bearbeitet zunächst in Einzelarbeit die gestellten Aufgaben, z. B. „Was fällt mir spontan zu Europa ein?“ oder „Was kann der Einzelne* gegen den Klimawandel tun?“

2. Schritt

Setzt euch in Gruppen zusammen. Diese Gruppen nennen sich **Stammgruppen**. Benennt sie mit Buchstaben (z. B. A bis E). Vergleicht die Ergebnisse der Einzelarbeit, indem ihr z. B. folgende Fragen beantwortet:

- Stimmen Gedanken und Überlegungen überein?
- Worin unterscheiden sie sich?
- Welche Bilder, Assoziationen, Gefühle, Haltungen kommen zum Ausdruck? Formuliert eine kurze Zusammenfassung eurer Einfälle und Vorschläge.
- Formuliert fünf Themen, die für euch im Zusammenhang mit dem Thema besonders wichtig sind. Schreibt sie einzeln auf Karten.

3. Schritt

Stellt sicher, dass jedes Gruppenmitglied die Aufgabenstellung und die Ergebnisse eurer Gruppenarbeit verstanden hat – denn jeder* von euch soll im nächsten Schritt diese Ergebnisse – als Experte* – den anderen vermitteln.

— *Herausgeberin:* Bundeszentrale für politische Bildung / bpb — *Autor:* Lothar Scholz — *Redaktion:* Iris Möckel — *Gestaltung:* www.leitwerk.com

Gruppen-Puzzle II

Im Gruppen-Puzzle werdet ihr alle zu Experten.

4. Schritt:
Nun werden die Ergebnisse der Stammgruppe von jedem einzelnen Mitglied dieser Gruppe vorgetragen: in einer neuen Gruppe, die Expertengruppe heißt – denn hier sind alle Experten ihrer Stammgruppen.

Um die Expertengruppen zu bilden, verteilt ihr in den Stammgruppen jeweils die gleiche Anzahl verschiedener Ziffern (z. B. 1–5) oder Farbpunkte.

Aus den einzelnen Stammgruppen (A–E) werden jetzt die Expertengruppen (I–V).

Aufgabe für die Mitglieder der Expertengruppen:
Stellt euch gegenseitig die Antworten auf eure Stammgruppen-Aufgaben oder -Fragen vor.

5. Schritt:
Jetzt geht ihr wieder in eure ursprüngliche Stammgruppe zurück. Fasst die Ergebnisse des Austausches in der Expertengruppe zusammen.

6. Schritt:
Sprecht anschließend in der Klasse über die Ergebnisse und die Vorgehensweise.

Gruppe A	**Gruppe B**	**Gruppe C**	**Gruppe D**	**Gruppe E**
A1 – A2 – A3 – A4 – A5	B1 – B2 – B3 – B4 – B5	C1 – C2 – C3 – C4 – C5	D1 – D2 – D3 – D4 – D5	E1 – E2 – E3 – E4 – E5
Gruppe I	**Gruppe II**	**Gruppe III**	**Gruppe IV**	**Gruppe V**
A1 – B1 – C1 – D1 – E1	A2 – B2 – C2 – D2 – E2	A3 – B3 – C3 – D3 – E3	A4 – B4 – C4 – D4 – E4	A5 – B5 – C5 – D5 – E5

bpb: — *Herausgeberin:* Bundeszentrale für politische Bildung / bpb — *Autor:* Lothar Scholz — *Redaktion:* Iris Möckel — *Gestaltung:* www.leitwerk.com

AUSTAUSCHEN

26

Fish-Bowl-Methode

Das Fish-Bowl (wörtlich: „Fisch-Kugelglas", frei übersetzt: Aquarium) ist ein Verfahren zum Austausch und zur Diskussion von Gruppenarbeitsergebnissen. Die Ergebnisse werden dabei nicht nacheinander von ein oder zwei Gruppensprechern⚥ frontal vor der Klasse vorgetragen, sondern in einem Innenkreis vorgestellt und diskutiert. Die zuhörenden Schüler⚥ sitzen im Außenkreis und können sich jederzeit beteiligen. Der Lehrer⚥ oder ein Schüler⚥ leiten und moderieren die Diskussion.

Im Einzelnen wird wie folgt vorgegangen:
In den Gruppen sollten die Arbeitsergebnisse in Stichworten festgehalten werden. Nach Beendigung der Gruppenarbeit nehmen ein oder zwei Sprecher⚥ aus jeder Gruppe in einem inneren Sitzkreis in der Mitte des Raumes Platz. Ein Stuhl für den Moderator⚥ und ein zusätzlicher freier Stuhl werden in den Innenkreis gestellt. Die übrigen Schüler⚥ bilden den äußeren Sitzkreis.

Die Gruppensprecher⚥ tragen nun die Diskussionsergebnisse aus ihren Gruppen vor. Es gibt keine strenge Abfolge der Beiträge. Wer zu Äußerungen eines Gruppensprechers⚥ etwas ergänzen möchte oder eine widersprüchliche Ansicht vortragen will, kann sich direkt an den Vorredner⚥ anschließen. Auch aus dem Zuhörerkreis können sich Schüler⚥ beteiligen. Wenn sie etwas zu der Diskussion im Innenkreis äußern möchten, setzen sie sich auf den leeren Stuhl und bringen ihren Redebeitrag vor. Anschließend gehen sie wieder in den Außenkreis zurück.

So entsteht ein lebendiger Austausch der Diskussionsergebnisse aus den Gruppen im Innenkreis.

- Sprecher⚥ der Gruppen
- Moderator⚥
- freier Stuhl ×
- übrige Schüler⚥

— *Herausgeberin:* Bundeszentrale für politische Bildung / bpb — *Autor:* Lothar Scholz — *Redaktion:* Iris Möckel — *Gestaltung:* www.leitwerk.com

Das Vierer-Skript

AUSTAUSCHEN

27

Wenn man die Ergebnisse einer Gruppenarbeit in vier wesentliche Aspekte gliedern kann, bietet sich das Vierer-Skript an, um eine anschauliche und übersichtliche Präsentation vorzulegen.

Immer dann, wenn Ergebnisse fixiert werden sollen, die aus 4 Elementen bestehen, eignet sich das Instrument „Vierer-Skript“. Das können 4 verschiedene thematische Aspekte eines Textes oder Aufgabe sein oder die Ergebnisse einer kleinen Gruppe, die aus 4 Mitgliedern besteht.

Wichtig ist, dass die Arbeitsergebnisse nur in Stichworten oder in komprimierter Fassung aufgeschrieben werden, damit die Übersichtlichkeit erhalten bleibt. Beginnend vom linken oberen Feld wird im Uhrzeigersinn in jedes Feld ein Aspekt geschrieben. Im Fall einer Gruppenarbeit (Gruppenpuzzle, siehe S. 24/25) tragt ihr die Ergebnisse der eigenen Gruppe in das 1. Feld links oben ein, die der anderen Gruppen in die folgenden Felder.

In dem Kreis in der Mitte des Blattes können entweder Überschriften oder Übereinstimmungen zwischen den Gruppen festgehalten werden. Das Skript eignet sich auch gut zur Präsentation, wenn ihr es als Poster vergrößert.

Ihr könnt das 4er-Skript selbstverständlich auch erweitern zu einem 6er- oder 8er-Skript.

bpb: — *Herausgeberin:* Bundeszentrale für politische Bildung / bpb — *Autor:* Lothar Scholz — *Redaktion:* Iris Möckel — *Gestaltung:* www.leitwerk.com

AUSTAUSCHEN

28

Thesen-Methoden und -Spiele I

Aussagen über politische Sachverhalte werden oft verkürzt und pointiert zugespitzt. z. B. in Thesenform („Wir sind das Volk!"). Meinungen werden so auf den Punkt gebracht. Sie können als reduzierte Darstellung von Standpunkten dienen, aber auch als Auslöser für tiefer gehende sachliche Argumentationen. Daher ist es sinnvoll, im Unterricht mit Thesen zu arbeiten.

So geht ihr vor: Ihr sammelt zu einem umstrittenen Thema (z.B. Klimaschutz, Demokratie in der Schule) so viele Meinungen und Standpunkte, wie euch einfallen und formuliert diese in knappen Sätzen bzw. Thesen. Berücksichtigt dabei das ganze Spektrum an Ansichten, die zu dem Thema denkbar sind. Schreibt diese Thesen auf einzelne Karten.

Als Beispiel könnt ihr das Kartenspiel 1: „wahlzeit! Warum wählen. 56 Thesen- und Spielkarten" heranziehen oder mit diesen Karten spielen (Herausgeberin: Bundeszentrale für politische Bildung, Bestell-Nr. 1922).

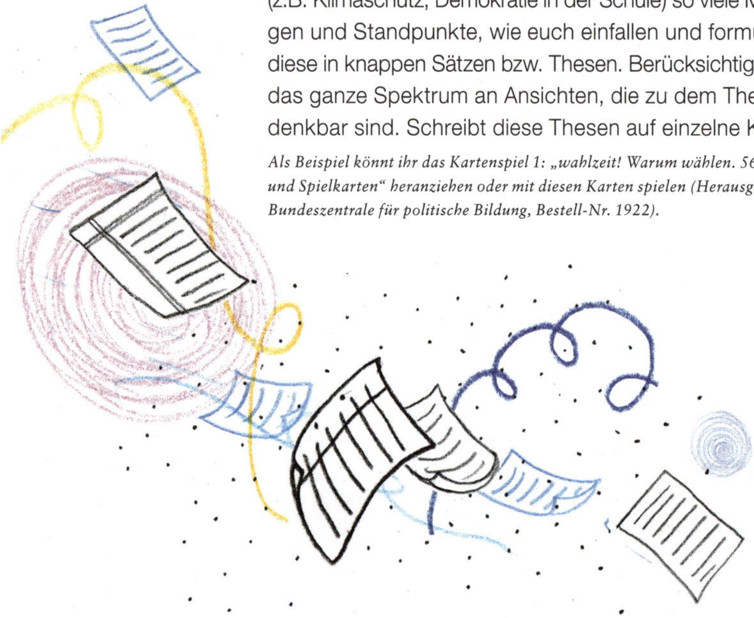

Thesen-Bild

Ziel des Spiels ist es, Thesen in einem „Bild" so anzuordnen, dass eure Haltung zu dem Thema zum Ausdruck kommt.

An jede Gruppe werden gleich viele Karten ausgeteilt. Lest euch in der Gruppe die Thesen durch und diskutiert, wie ihr zu den Thesen steht.

Überlegt euch ein „Bild", in dem ihr alle Karten anordnet und in dem eure Ansichten zu den Thesen ersichtlich werden. Wichtige Thesen oder solche, denen alle zustimmen, können z. B. im Zentrum platziert werden oder als Fundament dienen, weniger wichtige oder abgelehnte werden an den Rand gelegt. Das „Bild" kann ein Haus, ein Baum, eine Landschaft, ein Verkehrsmittel, eine Dartscheibe o.ä. sein. Heftet die Karten auf ein großformatiges Plakat und ergänzt das Bild durch visuelle Gestaltung. Bittet eure Mitschüler△ das „Bild" zu deuten. Ergänzt oder korrigiert ihre Interpretationen.

— *Herausgeberin:* Bundeszentrale für politische Bildung / bpb — *Autor:* Lothar Scholz — *Redaktion:* Iris Möckel — *Gestaltung:* www.leitwerk.com

Thesen-Methoden und -Spiele II

AUSTAUSCHEN

29

Thesen-Story, Thesen-Raster, Prioritätenliste. Mit der Thesensammlung von Seite 28 könnt ihr noch weitere Spiele und Methoden durchführen.

Thesen-Story

Ziel des Spiels ist es, aus verschiedenen Thesen, die per Zufall gezogen werden, eine Story, Geschichte, Reportage oder einen Bericht zu entwickeln.

Die zu einer Story verbundenen Thesen können zueinander passen oder sich widersprechen. Wichtig ist, was Ihr mit eurer Phantasie daraus macht.

Ihr bildet Gruppen. Ein Vertreter▽△ jeder Gruppe zieht 6 Karten. Lest die Thesen und überlegt, welche davon in den Zusammenhang einer einzigen Geschichte gebracht werden können. Ihr dürft dann zwei Karten, die euch als unpassend oder weniger geeignet erscheinen, in den Stapel zurück legen und dafür zwei neue ziehen.

So spielt ihr vier Runden. Danach wird eine Karte zurückgegeben. Ihr könnt, müsst aber nicht, eine weitere Karte zurücklegen und euch dafür einen Joker (Blankokarte) nehmen, den ihr mit einer Aussage eurer Wahl beschriften könnt.

Gewonnen hat die Gruppe, die mit fünf Karten eine überzeugend zusammenhängende Story erzählen kann. Zweiter Sieger ist die Gruppe mit vier Karten und einem Joker. Schaffen es mehrere Gruppen, eine Geschichte mit fünf Karten zu erzählen, könnt Ihr die beste Story wählen.

Thesen-Raster

Die Thesen werden in einer Tabelle untereinander aufgeführt und müssen am rechten Seitenrand in einer von fünf Spalten angekreuzt werden:

++ (stimme sehr zu) / + (bin weitgehend einverstanden) / 0 (dazu habe ich keine Meinung) / -(bin nicht einverstanden)/ -- (lehne entschieden ab)

	++	+	o	-	--

Prioritätenliste

In einer Gruppenarbeit streicht ihr aus einer Liste die Thesen, mit denen ihr nicht einverstanden seid (maximal die Hälfte der gesamten Thesen). Die übrigen Thesen werden in eine Rangfolge gebracht, wobei Nummer eins die für euch wichtigste Aussage ist. Die Rangliste wird der Klasse vorgestellt und begründet.

bpb: — *Herausgeberin:* Bundeszentrale für politische Bildung/bpb — *Autor:* Lothar Scholz — *Redaktion:* Iris Möckel — *Gestaltung:* www.leitwerk.com

ARGUMENTIEREN

30

Pro- und Contra-Debatte I : Das Prinzip

Streiten im Unterricht? Das klingt ungewöhnlich, wo doch ansonsten der Streit möglichst vermieden werden sollte. Das offene Austragen widerstreitender Meinungen und Interessen gehört aber zum Wesensbestandteil der Demokratie, um zu einem Ausgleich der Interessen zu gelangen. Deshalb sollte auch im Unterricht das Streiten gelernt werden.

Mit dieser Methode könnt ihr lernen, eure eigenen Interessen zu erkennen, sie zu artikulieren, gewaltfreie Formen der Auseinandersetzung zu praktizieren, euch dabei aber auch in Positionen anderer hineinzuversetzen, Kompromisse zu schließen und diese zu akzeptieren.

Mit einer Pro- und Contra-Debatte oder einem Streitgespräch können unterschiedliche Standpunkte in einem Rollenspiel zum Ausdruck gebracht und dargestellt werden. Diskutiert wird über ein umstrittenes Thema oder eine Entscheidungsfrage. Ziel ist es, die Zuschauer∵ von der eigenen Meinung zu überzeugen. Dabei kann durchaus hart und energisch gestritten werden, aber es muss fair verlaufen.

Wichtig ist die Einhaltung der Spielregeln (Seite 31)!

— *Herausgeberin:* Bundeszentrale für politische Bildung / bpb — *Autor:* Lothar Scholz — *Redaktion:* Iris Möckel — *Gestaltung:* www.leitwerk.com

Pro- und Contra-Debatte II: Spielregeln

1. Zunächst müsst ihr euch mit dem Thema, dem Problem oder der Fragestellung vertraut machen. Führt in einer Abstimmung ein erstes Meinungsbild herbei: Wie steht ihr zu dem Problem oder der Frage?

2. Bildet nun Gruppen für die jeweiligen Positionen. Am besten ist es, wenn die Gruppen durch Los oder ein Zufallsprinzip gebildet werden (z.B. indem verschiedenfarbige Spielkarten gezogen werden). Es geht nämlich jetzt nicht um die eigene Meinung zu dem Problem, sondern darum, Begründungen für einen Standpunkt vorzutragen, in den man sich hineinversetzt.

3. Die Gruppen setzen sich nun anhand von Materialien vertiefend mit „ihren" Positionen auseinander und erarbeiten begründete Standpunkte. Dabei sollten sie auch Argumente der gegnerischen Partei erkennen und überlegen, wie man sie widerlegen kann. Anschließend bestimmen sie Gruppensprecher (2 oder 3).

4. Für die Durchführung des Spiels wird eine geeignete Sitzordnung hergestellt: vorne sollen die Gesprächsleiter sitzen (dies können Schüler oder Lehrer sein), an zwei sich gegenüberstehenden Längstischen sitzen die „Parteien", hinten die übrigen Schüler als Beobachter.

5. Die Gesprächsleiter eröffnen das Streitgespräch bzw. die Pro- und Contra-Debatte, begrüßen die Zuschauer, nennen das Thema, stellen die Gesprächsteilnehmer vor und erklären den Ablauf des Spiels.

Anschließend halten die Gruppensprecher jeweils einen ca. dreiminütigen Eingangsvortrag (Statement). Danach erfolgt in Rede und Gegenrede der Austausch der Argumente und Gegenargumente (ca. 15 bis 20 Minuten).

6. In der Auswertung des Spiels fordern die Gesprächsleiter die Beobachter auf, mitzuteilen, welche Argumente sie überzeugend fanden und welche nicht. Außerdem sollen sie ihren Gesamteindruck wiedergeben und sagen, was gut war und was ihnen nicht gefallen hat.

7. Zum Abschluss des Spiels wird noch einmal eine Abstimmung über die Ausgangsfrage durchgeführt.

Das Ergebnis wird mit dem ersten Abstimmungsergebnis verglichen. Wenn es Unterschiede gibt, sollten die Ursachen dafür diskutiert werden.

bpb: — *Herausgeberin:* Bundeszentrale für politische Bildung / bpb — *Autor:* Lothar Scholz — *Redaktion:* Iris Möckel — *Gestaltung:* www.leitwerk.com

ARGUMENTIEREN

32

Argumentations-Map

Redner🚹, die für ihre Positionen werben und andere überzeugen wollen, wählen oft eine kurze, klare und prägnante Darstellung. Mit vier Aspekten lassen sich Themen oder Probleme argumentativ auf den Punkt bringen.

Das Argumtenations-Map gliedert sich in vier Abschnitte und wird im Uhrzeigersinn (rechts oben beginnend) angefertigt:

1. Wie ist der Ist-Zustand (IST)?

2. Wie sollte das Thema dargestellt werden oder das Problem gelöst sein (SOLL)?

3. Was spricht für die Darstellung oder Lösung des Themas / des Problems (WARUM)?

4. Was ist zu tun (APPELL)? Hier sollte in einem aussagekräftigen Satz oder in einem Aufruf zum Ausdruck gebracht werden, was getan werden muss, um die Darstellung des Themas oder die Lösung eines Problems herbeizuführen.

Mit entsprechenden Stichworten versehen kann die Argumentations-Map auch als „Spickzettel“ (Manuskript) für einen Vortrag oder auf einem großformatigen Poster als Ergebnispräsentation einer Gruppenarbeit dienen.

Das Argumentationsmuster kann auch als Hilfsmittel für eine Recherche (Recherche-Map) verwendet werden.

— *Herausgeberin:* Bundeszentrale für politische Bildung / bpb — *Autor:* Lothar Scholz — *Redaktion:* Iris Möckel — *Gestaltung:* www.leitwerk.com

Sprechblasentext und Ich-Geschichte

Um unterschiedliche Ansichten zu verstehen, ist es hilfreich, mit den Augen des anderen zu sehen, z. B. einer beteiligten Person, die auf einem Foto (z.B. in einer Zeitung) abgebildet ist. Oder man schreibt aus der Perspektive der anderen Person eine Geschichte.*

Sprechblasen
Fragt euch „Wie sieht die abgebildete Person das Problem / das Thema / die Situation?“ – Eine einfache Methode, um diese Frage zu beantworten und sich damit in die Person hineinzuversetzen, sind Sprechblasen-Texte. Ihr zeichnet zu einer Person in das Bild eine Sprech- oder Gedankenblase und schreibt hinein, was dieser Person gerade durch den Kopf geht oder was sie in dem Moment sagen könnte. Wenn es sich um ein Bild handelt, auf dem Kontrahenten* dargestellt sind, könnt ihr auf diese Weise unterschiedliche Ansichten direkt gegenüberstellen und kontrastieren.

Wenn ihr eure Ergebnisse dann vergleicht, werdet ihr sicher eine interessante Diskussion über unterschiedliche Meinungen und Motive führen können.

Ich-Geschichte
Häufig wird in den Medien über einen Sachverhalt berichtet, an dem verschiedene Personen beteiligt sind. Sehr oft treffen dabei unterschiedliche Ansichten aufeinander. Will man die Handlungen und Motive der Beteiligten besser verstehen, so hilft es, wenn man versucht, sich in ihre Gedankenwelt hineinzuversetzen. Du kannst gedanklich in eine andere Rolle schlüpfen, indem du aus der Perspektive der betreffenden Person eine Ich-Geschichte schreibst.

Du schreibst dabei in der Ich-Form, so als ob du selbst die Geschichte oder das Ereignis miterlebt hast oder Beteiligter* bist.

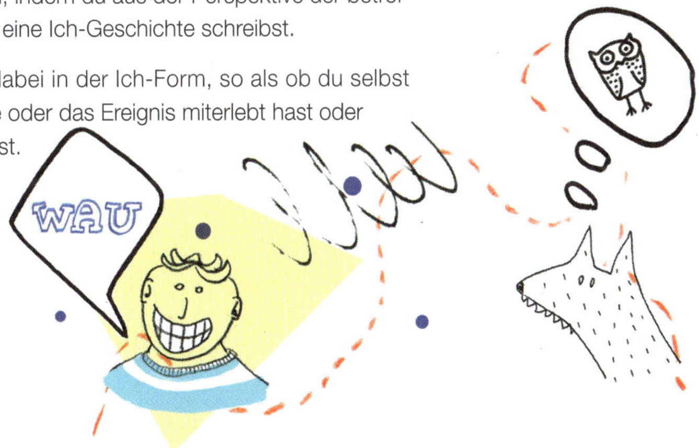

bpb — *Herausgeberin:* Bundeszentrale für politische Bildung / bpb — *Autor:* Lothar Scholz — *Redaktion:* Iris Möckel — *Gestaltung:* www.leitwerk.com

ARGUMENTIEREN

34

Die Positionslinie

Die deutsche Sprache ist voller Bilder. Einen Standpunkt einnehmen, Stellung beziehen, zu seinem Wort stehen: all dies sind bildlich zum Ausdruck gebrachte Bezeichnungen für etwas, das im sozialen und politischen Handeln von großer Bedeutung ist. Warum nicht wirklich einmal – auch durch körperliche Ausdrucksweise – eine Position (Standpunkt) einnehmen, so dass sie für andere sichtbar wird? Als Unterrichtsmethode eignet sich dafür die Positionslinie.

Eine Streitfrage steht „im Raum“ (Beispiele):

- Sollen Schüler⚤ aufstehen, wenn der Lehrer⚤ zu Unterrichtsbeginn den Klassenraum betritt?
- Sollen Jugendliche ab 16 Jahre wählen dürfen?
- Sollen Atomkraftwerke abgeschaltet werden?
- Sollen Unternehmen per Gesetz verpflichtet werden, Auszubildende einzustellen?

So geht's:

Denkt euch eine Linie quer durch den Klassensaal oder entlang einer Wand oder in der Pausenhalle. Ihr könnt auch einen Klebestreifen von ca. 10–12 Metern auf den Boden kleben. Die Mitte der Linie wird markiert. Sie stellt die Position „Unentschieden“ dar. Das eine Ende der Linie ist die „Ja-Position“ („Pro“), das andere Ende die „Nein-Position“ („Contra“).

Die Streitfrage wird gestellt. Nun könnt ihr euch auf dieser Linie positionieren. Stellt euch an der Stelle auf die Linie, die eurer Position in der Streitfrage entspricht:

beantwortet ihr für euch die gestellte Frage mit „ja“, so stellt ihr euch auf der „Ja-Position“ auf, seid ihr dagegen, so platziert ihr euch auf der „Nein-Position“. Wenn ihr nicht eindeutig für die eine oder andere Position seid, so stellt euch in entsprechenden Abstand zu den Polen auf. Je näher ihr der einen oder anderen Meinung zustimmt, desto näher müsst ihr an den entsprechenden Pol rücken.

Begründet nun eure Position. Weshalb seid ihr dafür, weshalb dagegen, weshalb könnt ihr keine eindeutige Haltung einnehmen?

— *Herausgeberin:* Bundeszentrale für politische Bildung/bpb — *Autor:* Lothar Scholz — *Redaktion:* Iris Möckel — *Gestaltung:* www.leitwerk.com

Die Streitlinie

Wenn eure Positionen sehr gegensätzlich sind – die Schüler✡ *also sehr deutlich auf dem „Ja"- bzw. „Nein"-Standpunkt stehen – könnt ihr aus der Positionslinie eine Streitlinie bilden.*

Beide Gruppen platzieren sich an gegenüberliegenden Wänden. Stellt euch zu einer „Murmelgruppe" zusammen, besprecht und sammelt eure Argumente. Danach stellt ihr euch entlang den Wänden in zwei Linien auf. Nun tragen Vertreter✡ der Pro- und Contra-Seite abwechselnd ihre Positionen vor. Auf ein Argument der Pro-Seite folgt ein Argument der Contra-Seite. Die Argumente sollen knapp gehalten werden, damit eine lebendige Diskussion zustandekommt.

Nach Abschluss des Streitgesprächs bedenkt jede für sich noch einmal die ursprünglich eingenommene und vertretene Position und wägt die Argumente der gegnerischen Seite ab. Wenn euch die Argumente der Kontrahenten✡ in dem einen oder anderen Punkt überzeugt haben, verlasst ihr eure Position und geht auf die andere Seite zu.

Begründet eure Standpunkte. Wie sieht das Positionsbild jetzt aus?

Sind eure Ansichten zum Thema gleich geblieben oder sogar erhärtet und „unverrückbar", so nehmt ihr die gleiche Position ein wie vorher.

Kennt ihr Beispiele aus Politik, Gesellschaft oder Wirtschaft, wo Interessenvertreter✡ oder Parteien sich aufeinander zu bewegen (müssen), um zu einem Ergebnis in einer Streitfrage zu kommen? In der Regel nennt man dies einen Kompromiss.

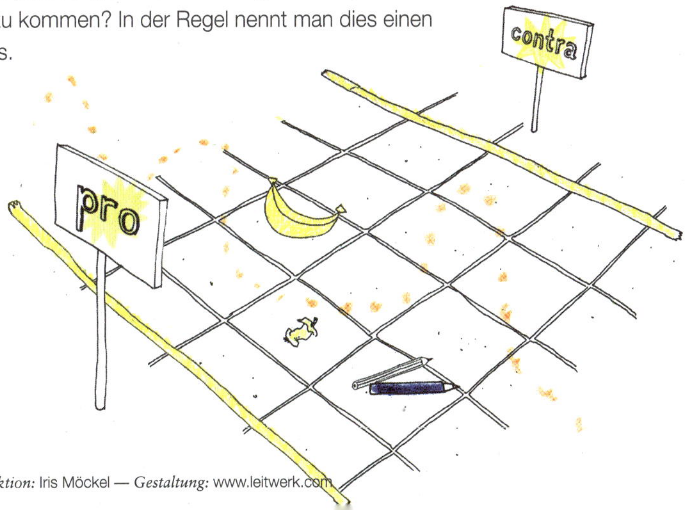

bpb — *Herausgeberin:* Bundeszentrale für politische Bildung / bpb — *Autor:* Lothar Scholz — *Redaktion:* Iris Möckel — *Gestaltung:* www.leitwerk.com

Improvisation und Rollenspiel

Man muss kein Schauspieler sein, um eine Rolle spielen zu können. Abgesehen davon, dass jeder* in seinem Leben – bewusst oder unbewusst - mehrere Rollen spielt, ist das Spielen einer Rolle eine sehr nützliche Methode, um die Vielfalt einer Problematik deutlich und verstehbar zu machen.*

Die Improvisation ist ein spontanes Spiel, in dem eine Situation oder ein Problem ohne längere Vorbereitung aus dem Stand heraus gespielt wird. Neben Alltagsereignissen, -situationen oder -problemen können auch Texte, Gedichte oder Märchen nachgespielt werden. Wichtig hierbei ist das spontane Handeln in einer Szene, so als ob man Beteiligter* oder Beobachter* des Geschehens wäre.

Eine weiterführende Spielform ist das Rollenspiel. Die Teilnehmer* schlüpfen in eine Rolle in einer vorgegebenen Situation. In einem freien Rollenspiel füllt jeder Spieler* die von ihm* übernommene oder ihm* zugewiesene Rolle ohne Vorgaben so aus, wie er* sie für richtig hält. Nur die Situation ist vorgegeben. Man kann auch sich selbst in dieser Situation spielen. Hier ist Intuition und Spontaneität gefragt und verschiedene Spielvarianten und Lösungen sind denkbar.

Im gebundenen Rollenspiel werden die zu spielenden Rollen vorgegeben und das Rollenhandeln, z. B. durch Beschreibungen auf Rollenkarten, eingeschränkt. Hier geht es darum, möglichst rollengerecht so zu handeln, wie es in der Rollenbeschreibung vorgesehen ist. Man spielt, als ob man eine bestimmte Person in einer bestimmten Situation ist. Rollenspiele können mehrfach mit unterschiedlichen Rollen gespielt werden: Interessant ist auch, wenn man selbst die Rolle wechselt, also auch z. B. die konträre Position zur eigenen Rolle spielt. Wichtig ist, dass ihr im Anschluss an das Rollenspiel darüber diskutiert.

Im Rollenspiel können eigene Einstellungen und Gefühle erkannt und verstanden werden. Somit wird man für das eigene Verhalten und für Prozesse in der zwischenmenschlichen Kommunikation sensibilisiert. Bei der Übernahme anderer Rollen könnt ihr die Perspektiven wechseln, so dass ihr andere Sichtweisen und Interessenlagen erkennt und versteht. Dies macht es möglich, sich in Gedanken und Situationen anderer Menschen hineinzuversetzen und auch mitzufühlen (Empathie).

— *Herausgeberin:* Bundeszentrale für politische Bildung / bpb — *Autor:* Lothar Scholz — *Redaktion:* Iris Möckel — *Gestaltung:* www.leitwerk.com

Fiktives Interview

Interviews sind euch aus den öffentlichen Medien bekannt. Ein Journalist△̈ befragt einen Experten△̈ oder einen Beteiligten△̈ dabei zu seiner Sichtweise eines Sachverhalts. Auch im Unterricht lässt sich ein Interview durchführen – hier ist es aber ein Rollenspiel: Ihr schlüpft in die Rolle eines Journalisten△̈ oder eines Experten△̈. Das bedeutet, dass ihr euch gründlich mit der jeweiligen Rolle befassen müsst, um rollengerecht zu agieren.

Eine mögliche Grundlage ist der Inhalt eines Textes (Zeitungsbericht, historische Quelle, Sachbericht etc). Um ein Interview zu erarbeiten, müsst ihr dabei zunächst den Text lesen und in Abschnitte gliedern. Ein Schüler△̈ stellt Fragen, auf die der Text eine Antwort gibt, ein anderer△̈ gibt die Antworten, als ob er der Autor△̈ des Textes wäre.

Textbeispiel:

Menschenrechte

Auf der Flucht vor Zwangsheirat, hinter Gittern wegen der „falschen" Meinung, in der Textilfabrik von Kindesbeinen an: Menschenrechte sind auch im 21. Jahrhundert kein selbstverständliches Gut. Sie sind in vielen Ländern zwar Teil der politischen Kultur und moralisches Postulat. Sie werden aber weiterhin auch missachtet – von Einzelnen, von Gruppen und Staaten. Mehr als 60 Jahre nach der Allgemeinen Erklärung der Menschenrechte sind sie weit davon entfernt, weltweite Akzeptanz zu besitzen. Dabei stehen sie in gleicher Weise allen Menschen zu – unabhängig von Herkunft, Geschlecht, Religion oder Alter.

Mögliche Fragen des Interviewers△̈:

- Wie steht es um die Menschenrechte im 21. Jahrhundert?
- Welche Beispiele für Menschenrechtsverletzungen können Sie uns nennen?
- Von wem werden Menschenrechte missachtet?
- Wem stehen Menschenrechte eigentlich zu?

(www.bpb.de/menschenrechte)

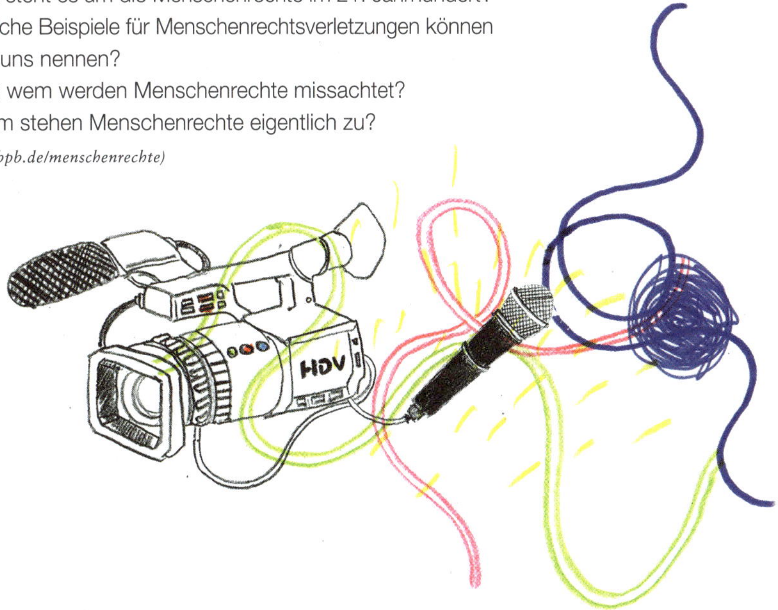

bpb — *Herausgeberin:* Bundeszentrale für politische Bildung / bpb — *Autor:* Lothar Scholz — *Redaktion:* Iris Möckel — *Gestaltung:* www.leitwerk.com

Standbild I: Das Prinzip

Wenn wir im Unterricht über Probleme, Erlebnisse oder Erfahrungen reden, die wir mit einem Thema oder einer sozialen Situation verbinden, so benutzen wir normalerweise Wörter und Begriffe. Eine Methode, die Sichtweise eines Problems oder eines Themas anders als durch Worte darzustellen, ist das Standbild-Bauen, das heißt, man kann so ein Thema buchstäblich „verkörpern".

Ein Standbild ist eine mit Körpern von Personen einer Lerngruppe gestaltete Darstellung eines Problems, eines Themas oder einer sozialen Situation. Vor allem können Beziehungen von Personen zueinander sowie Haltungen, Einstellungen und Gefühle verbildlicht werden – und das alles ohne Worte.

Ein „Regisseur⚥" (oder: „Bildhauer⚥", „Baumeister⚥") bildet und modelliert Schritt für Schritt aus den Körpern von Mitschülern⚥ ein Standbild. Damit bringt der Erbauer⚥ zum Ausdruck, wie er⚥ das angesprochene Problem oder Thema sieht und interpretiert.

Die Spieler⚥, die geformt werden, nehmen wie bewegliche Puppen die Haltungen – einschließlich der Mimik und Gestik – ein, die ihnen gegeben werden.

Die Mitschüler⚥ nehmen das Entstehen des Standbildes – ohne Worte – sinnlich wahr und können anschließend die Situation diskutieren und verändern bzw. neu gestalten.

— *Herausgeberin:* Bundeszentrale für politische Bildung / bpb — *Autor:* Lothar Scholz — *Redaktion:* Iris Möckel — *Gestaltung:* www.leitwerk.com

Standbild II: Vorübungen und Beispiele

Vorübungen:
Hier geht es um das Einüben von Vorformen des Standbild-Baus, also Erstarren, Anhalten oder Einfrieren („Freezing") von Bewegungen und Haltungen.

Beispiele:
- Die Schüler⚤ bewegen sich auf gedachten Linien im Raum (mit Musik) und nehmen auf den Zuruf „Stop" (Musikunterbrechung) spontan eine „eingefrorene" Haltung zu Begriffen ein, die vom Lehrer⚤ hineingerufen werden (z.B. Wut, Angst, Freude, politikverdrossen, zukunftsoptimistisch).

Die Begriffe können sich auch auf Berufsgruppen oder soziale Gruppen (Lehrer⚤, Politiker⚤, Unternehmer⚤, Arbeitslose) beziehen.

- Die Schüler⚤ bilden Paare. Jeweils ein Partner⚤ formt zu einem vorgegebenen Begriff / Thema den anderen Partner⚤. Nach dem Einfrieren sehen sich die „Baumeister⚤" die übrigen Standbilder an. Danach erfolgt ein Wechsel.
- Die Klasse wird in Gruppen eingeteilt. Ohne Absprache sollen sie spontan mit ihren Körpern auf Zuruf gemeinsam einen Begriff darstellen, z. B. Trauer, Freundschaft, Macht, Demokratie, Solidarität, Arbeitslosigkeit, Unterdrückung.

Wenn möglich: Standbilder fotografieren (mit Sofortbild- oder Digital-Kamera)

Themenbeispiele für Standbilder:
- Parteien im Wahlkampf
- Das Verhältnis der Jugend zur Politik
- Nichtwähler⚤
- Familienszenen: Konflikte zwischen Eltern und Kind
- Clique und Außenseiter⚤
- Debatte im Bundestag
- Europa in der Krise

bpb: — *Herausgeberin:* Bundeszentrale für politische Bildung / bpb — *Autor:* Lothar Scholz — *Redaktion:* Iris Möckel — *Gestaltung:* www.leitwerk.com

Standbild III: Spielregeln

So geht's:

1. Gemeinsam wird ein Thema festgelegt. Dieses ergibt sich meist aus dem aktuellen Unterrichtsthema und kann eine Fragestellung, eine eigene Erfahrung, eine bestimmte Meinung, ein Lösungvorschlag etc. sein.

2. Es wird ein Regisseur* bestimmt, der* die Aufgabe übernimmt, nach seinen* Vorstellungen ein Standbild zu erbauen.

3. Dazu wählt er* sich nach und nach Mitschüler* aus, die zu seinen* Vorstellungen passen (Aussehen, Größe, Kleidung, Geschlecht).

4. Diese stellt er* in die von ihm* gewünschte Position. Ohne Worte verdeutlicht er* ihnen, welche Körperhaltung, Gestik und Mimik sie annehmen sollen. Auch die Haltung der Personen zueinander wird gestaltet. Gegenstände aus dem Klassenzimmer können als Elemente einer Kulisse mit verwandt werden.

5. Die Mitspieler* und die Zuschauer* verhalten sich absolut passiv. Es wird nicht gesprochen.

6. Wenn das Standbild fertig geformt ist, erstarren die Mitspieler* auf ein Zeichen des Regisseurs* für etwa eine halbe Minute in der ihnen zugewiesenen Haltung.

7. Die Zuschauer* beobachten das Standbild und lassen es auf sich wirken.

8. Dann wird das Standbild besprochen. Zuerst beschreiben die Zuschauer* das Bild und interpretieren es. Anschließend berichten die Mitspieler* über ihre Empfindungen und Einschätzungen.

9. Schließlich wird der Regisseur* nach seinen Absichten und Vorstellungen gefragt. Zu den Interpretationen der Mitschüler* soll er* Stellung nehmen.

— *Herausgeberin:* Bundeszentrale für politische Bildung / bpb — *Autor:* Lothar Scholz — *Redaktion:* Iris Möckel — *Gestaltung:* www.leitwerk.com

Standbild IV: Variationen

Standbilder können in verschiedenen Variationen gebaut werden:

- Sie können durch mehrere Regisseure / Baumeister geformt werden, wobei diese sich flüsternd verständigen dürfen.
- Fertige Standbilder können durch andere Regisseure verändert, abgewandelt, weitergebaut werden.
- Eine Gruppe baut gemeinsam ein Standbild zu einem Thema, auf das sie sich heimlich verständigt hat. Die Zuschauer erraten und interpretieren das Standbild.
- Für jede Person wird ein Zuschauer bestimmt, der sich die Haltung der zugeordneten Person sehr gut merken muss. Anschließend bauen die bestimmten Zuschauer das Standbild nach. Zuschauer und Nachbauer vergleichen und interpretieren die Haltungen.
- Nach dem Fertigstellen eines Standbildes tippt der Baumeister einer Person im Standbild auf die Schulter. Diese äußert sich spontan zu seiner Haltung oder seiner Befindlichkeit.
- Der Baumeister oder beobachtende Schüler treten als „alter Ego“ (das andere Ich) hinter die gestalteten Personen, legen die Hand auf deren Schulter und sprechen in der „Ich-Form“ das aus, was die verkörperten Personen ihrer Meinung nach gerade denken.
- und so weiter...

bpb: — *Herausgeberin:* Bundeszentrale für politische Bildung / bpb — *Autor:* Lothar Scholz — *Redaktion:* Iris Möckel — *Gestaltung:* www.leitwerk.com

KREATIV.SEIN

42

Quiz, Puzzle, Lückentexte

Quizfragen, Puzzle, Lückentexte eignen sich gut zur Überprüfung von Wissen oder zum Einstieg in ein Thema und sie machen Spaß. Ihr könnt sie mit etwas Übung selbst entwickeln.

Quiz

Die richtigen und wichtigen Fragen zu stellen, ist oft gar nicht so einfach – ebenso wie die falschen Auswahlantworten.

Beispiel: Spontane und freie Gedankenäußerungen zu einem Thema nennt man auch: (siehe Seite 08)

A – Attest	B – Atom	C – Assoziationen	D – Aroma

Eine bildliche überspitzte Darstellung eines (gesellschaftlichen) Sachverhalts nennt man: (siehe Seite 16)

A – Kataster	B – Karamel	C – Karawane	D – Karikatur

Puzzle

Ein Puzzle besteht aus einzelnen, auseinandergeschnittenen Stücken eines Bildes. Die Aufgabe besteht darin, die einzelnen Elemente wieder in der richtigen Form passend zusammenzufügen. Auch Texte lassen sich in ein Puzzle zerlegen, in so genannte Textbausteine.

Lückentexte, Lückenschaubilder

Aus einem Text oder einem Schaubild überklebt oder löscht ihr die zentralen Begriffe oder Symbole (mit Korrekturflüssigkeit oder Überklebestreifen; oder ihr arbeitet mit dem Computer, wenn Ihr den Text digital vorliegen habt) und schreibt sie in der alphabetischen Reihenfolge unter den Text, bzw. das Bild. Die Aufgabe für die Mitschüler⚢ lautet: Setzt diese Begriffe/Symbole an die richtige Stelle im Text/Bild.

Beispiel:

Dabei können ____Schüler⚢____ lernen, ihre eigenen ____________ zu erkennen, sie zu ____________, gewaltfreie Formen der ____________ zu ____________, sich dabei aber auch in die ____________ anderer hineinzuversetzen, ____________ zu schließen und diese zu ____________.

akzeptieren / artikulieren / Auseinandersetzung / Interessen / Positionen / praktizieren / Kompromisse / ~~Schüler⚢~~

— *Herausgeberin:* Bundeszentrale für politische Bildung/bpb — *Autor:* Lothar Scholz — *Redaktion:* Iris Möckel — *Gestaltung:* www.leitwerk.com

Rätsel

KREATIV SEIN

43

Rätsel können den Unterricht an verschiedenen Stellen auflockern – am Beginn eines Themas, mittendrin oder auch am Ende, zur Festigung und Sicherung von Begriffen. Denn mit Rätseln werden Begriffe erraten. Diese sollten wichtige (Schlüssel-) Wörter sein, die für ein Thema von besonderer Bedeutung sind und gelernt sowie behalten werden sollen. Am interessantesten ist es, wenn ihr selbst Rätsel herstellt – z. B. für eure Mitschüler. Hier einige Tipps, wie man dabei vorgeht.

1. Zuerst solltet ihr die **zu erratenden Begriffe bestimmen**, die wichtig sind (zum Beispiel aus Texten, die ihr in Gruppen bearbeitet).

2. Dann solltet ihr die **Umschreibung** für das zu suchende Wort formulieren z. B. Staatsoberhaupt der Bundesrepublik Deutschland: ______________________

3. Jetzt wird das Wort entsprechend der Eigenart der Rätselsorte im Rätsel untergebracht.

- Im **Kreuzworträtsel** als leere Kästchen waagerecht und senkrecht, wobei sich Buchstaben überschneiden sollten (Achtung: um die Schnittstellen herum müssen freie oder geschwärzte Kästchen stehen). Einzelne Buchstaben können als Hilfestellung vorgegeben werden.
- In **Schwedenrätseln** werden die Begriffe in einem Kasten voller Buchstaben versteckt.
- In einem **Balkenrätsel** werden als Balken so viele leere Kästchen vorgegeben wie der gesuchte Begriff Buchstaben hat, und einige Buchstaben als Hilfestellung eingetragen. Die Balken werden horizontal so angeordnet, dass eine Reihe untereinander gelesen ein Lösungswort ergibt.
- In einer **Rätselschlange** müssen Anfangs- und Endbuchstaben der aufeinanderfolgenden Wörter übereinstimmen. Diese werden vorgegeben; der Rest als leere Kästchen.
- In einem **Silbenrätsel** werden die Begriffe in Silben zerlegt. Diese werden alphabetisch hintereinander aufgelistet.

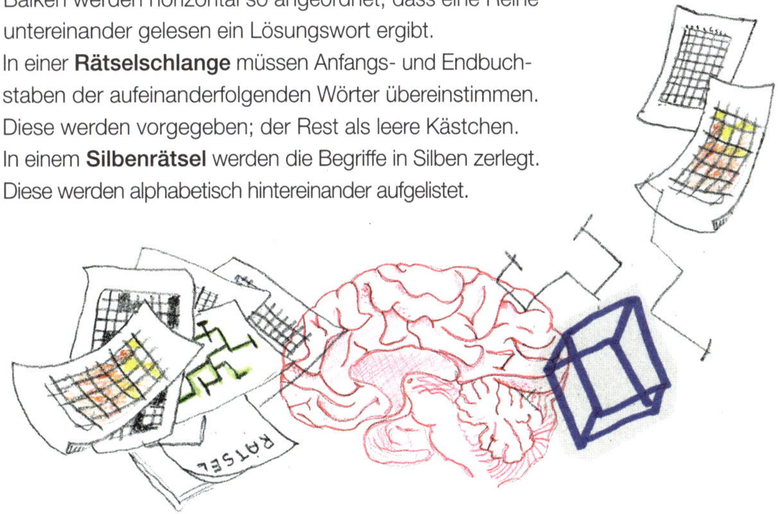

bpb: — *Herausgeberin:* Bundeszentrale für politische Bildung / bpb — *Autor:* Lothar Scholz — *Redaktion:* Iris Möckel — *Gestaltung:* www.leitwerk.com

KREATIV SEIN

44

Kreativitäts-Pool

Mit Themen kreativ umzugehen und sie zu präsentieren – das fordert heraus und macht Spaß! Einige kleinere, gar nicht so aufwändige Methoden, die es in sich haben, werden hier skizziert und sollen euch zu kreativen Aktionen inspirieren.

Aspekte eines Themas kann man…

- auf eine Briefmarke bringen
- in einem Piktogramm darstellen
- in fünf einfache Sätze fassen
- auf einen Button oder einen Aufkleber bringen
- als Symbol darstellen
- als Comic gestalten
- in einen Reim oder ein Gedicht fassen
- auf ein Poster bringen
- als Web-Page gestalten
- als Werbeprospekt oder Flyer gestalten
- als Slogan formulieren
- auf ein Flugblatt bringen
- als Märchen umschreiben
- als Manifest umschreiben
- als Bildergeschichte gestalten
- in ein Rätsel, Quiz oder Puzzle „verpacken"
- als Lerntext für Mitschüler▽̈△ fehlerhaft verfremden
- in ein Feature oder Hörspiel umwandeln
- als (Rap-) Song oder Schlager dichten
- in eine Reportage fassen
- in eine mitreißende Rede umschreiben
- in einer Nachrichtensendung verarbeiten
- in einem Videofilm oder als Diashow darstellen
- als Nachrede oder Laudatio ausdrücken
- als Kunstwerk oder als Modell bauen
- als Standbild ausdrücken
- in einer Szene darstellen oder nachspielen

— *Herausgeberin:* Bundeszentrale für politische Bildung / bpb — *Autor:* Lothar Scholz — *Redaktion:* Iris Möckel — *Gestaltung:* www.leitwerk.com

Elfchen und Kopfstand

KREATIV SEIN

45

Zwei weitere kreative Methoden, sich einem Thema oder einer Fragestellung anzuähern, sind Elfchen und Kopfstand. Einen Sachverhalt in elf Wörter fassen oder kopfüber angehen – das ist ungewohnt, kann aber viel Spaß machen!

Elfchen

Eine besonders anspruchsvolle und kreative Methode ist das Elfchen. Dies ist ein Gedicht, das einer formalen Struktur folgt, ohne dass es sich reimt. Es besteht aus 11 Wörtern (deshalb heißt es Elfchen), die auf fünf Zeilen verteilt sind: in der 1. Zeile steht ein Wort, in der 2. Zeile stehen zwei Wörter, in der 3. Zeile drei Wörter, in der 4. Zeile vier Wörter und in der 5. Zeile steht ein Wort. Die letzte Zeile wird als Aufforderung oder Appell formuliert. Dadurch bist du gezwungen, Aspekte eines Themas zu reduzieren und zu verdichten.

Beispiel:
Politik
Nein danke?
Wer profitiert davon?
Es ist meine Zukunft
Mitmachen!

Kopfstand

Wie der Kopfstand die Umkehrung der normalen menschlichen Körperhaltung ist, so wird auch bei der Kopfstand-Methode im Unterricht ein Thema oder eine Frage auf den Kopf gestellt. Fragestellungen, die in ihr Gegenteil verkehrt worden sind, können Ideen und Ansätze zur Lösung eines Problems oder einer Frage beflügeln.

So geht ihr vor (anhand einer Beispielfrage):
1. Ihr habt eine Ausgangsfrage, etwa: Wie kann erreicht werden, dass sich mehr Menschen für Politik interessieren und engagieren?

2. Die Kopfstand-Frage wird formuliert: Wie kann erreicht werden, dass sich absolut niemand mehr für Politik interessiert und sich niemand mehr engagiert?

3. Es werden nun in einem Brainstorming alle Antworten gesammelt, die euch zur Kopfstand-Frage einfallen.

4. Die Ausgangsfrage wird wieder vom Kopf auf die Füße gestellt. Formuliert die gesammelten Ideen in ihr Gegenteil um oder lasst von euch von diesen Kopfstand-Antworten zu unabhängigen neuen Lösungsideen inspirieren.

bpb: — *Herausgeberin:* Bundeszentrale für politische Bildung / bpb — *Autor:* Lothar Scholz — *Redaktion:* Iris Möckel — *Gestaltung:* www.leitwerk.com

PRÄSENTIEREN

46

Schaubilder I

Politisch-gesellschaftliche Themen werden oft in Schaubildern (Diagrammen oder Bildstatistiken) dargestellt, um komplexe Zusammenhänge zu verdeutlichen. Diagramme sind Bildstatistiken, die meist Größenverhältnisse und Zahlenwerte veranschaulichen. Im Folgenden findet ihr Vorschläge, wie ihr Informationen strukturiert präsentieren könnt.

a) Baumdiagramm, Organigramm
zeigt Elemente oder (Organisations-) Einheiten einer hierarchischen Struktur eines Systems

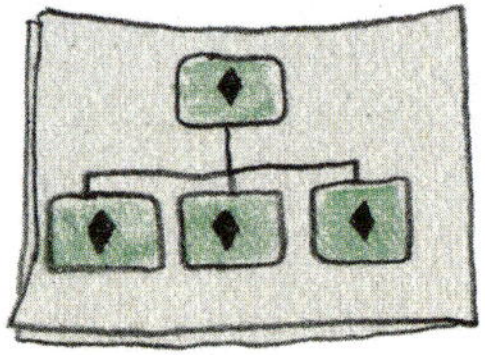

b) Zyklusdiagramm, Prozessdiagramm
stellt Abläufe von Prozessen dar

c) Flussdiagramm, Flow-Chart
veranschaulicht Abläufe, Prozesse und Entwicklungen, mit speziellen Formen, Pfeilen und Symbolen

d) Netzdiagramm, Spinnwebanalyse
zeigt – ausgehend von zentralen Aspekten – Beziehungen, Abhängigkeiten und Verbindungen auf

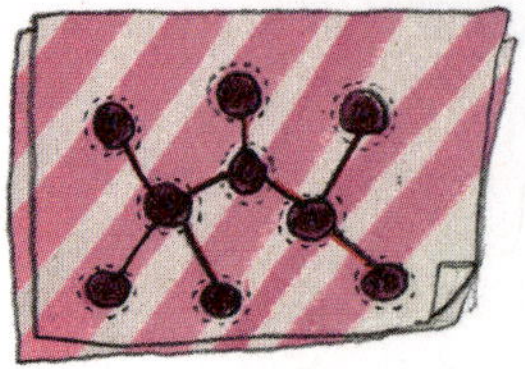

e) Pyramidendiagramm
zeigt Über- und Unterordnung, Schichtung und die Hierarchie in einem System

f) Venn-Diagramm
veranschaulicht Überschneidungen verschiedener Bereiche

— *Herausgeberin:* Bundeszentrale für politische Bildung / bpb — *Autor:* Lothar Scholz — *Redaktion:* Iris Möckel — *Gestaltung:* www.leitwerk.com

Schaubilder II

PRÄSENTIEREN

47

Auch für die Darstellung eigener Arbeitsergebnisse (Referat, Präsentation) kann man Diagramme entwerfen, um Daten und Informationen eines Themas zu ordnen, Entwicklungen und Verbindungen aufzuzeigen, übersichtlich zu strukturieren und zu visualisieren.

g) Stabdiagramm
zeigt die quantitative Mengenverteilung auf einem proportional geteilten „Stab". Die zu vergleichenden Teilmengen müssen maßstabsgerecht nach ihrer Größe dargestellt werden.

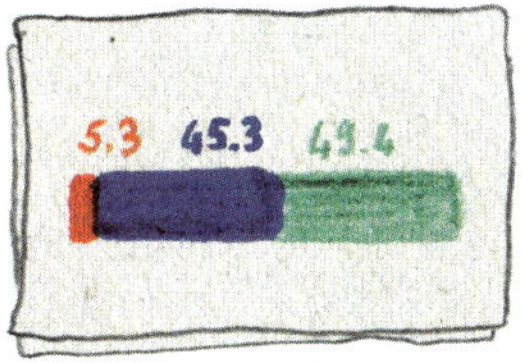

h) Säulendiagramm, Balkendiagramm
zeigen Veränderung von Daten im zeitlichen Verlauf und ihre Relationen zu bestimmten Zeitpunkten auf.

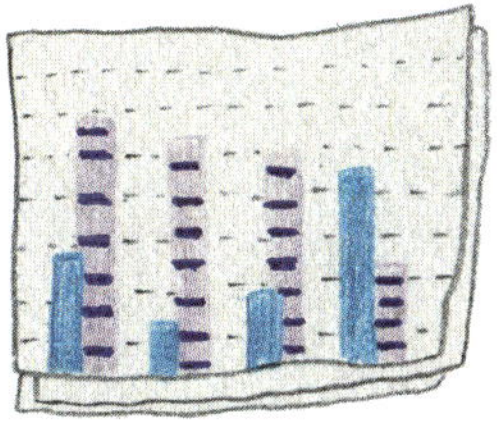

i) Linien- und Kurvendiagramme
veranschaulichen Entwicklungen über einen längeren Zeitraum

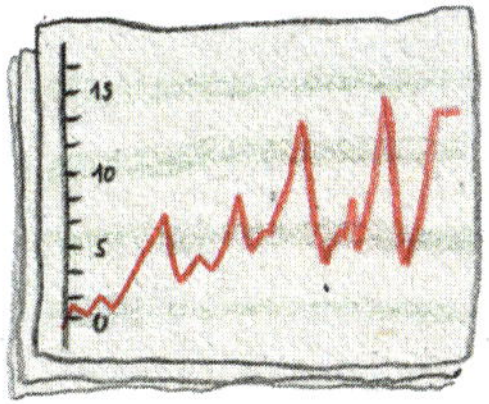

j) Kreisdiagramm (auch Tortendiagramm)
zeigt (prozentuale) Anteile von Elementen in einem größeren Ganzen (100 %)

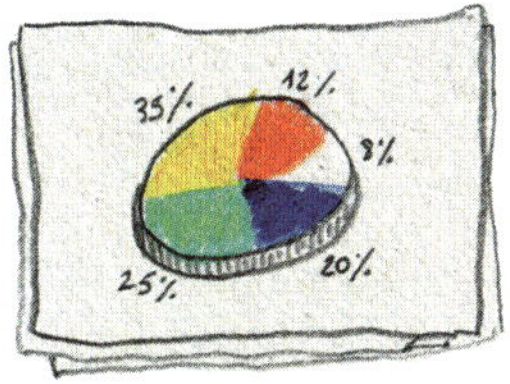

k) Figurendiagramm (Piktogramm)
veranschaulichen Beziehungs- und Messzahlen durch Symbole, oder vereinfachte figürliche Abbildungen. Ein Vergleich ist über die Größenproportionen oder die unterschiedliche Anzahl gleich großer Symbole möglich.

bpb — *Herausgeberin:* Bundeszentrale für politische Bildung/bpb — *Autor:* Lothar Scholz — *Redaktion:* Iris Möckel — *Gestaltung:* www.leitwerk.com

Das Präsentations-Viereck I

Die Fähigkeit, mündliche Präsentationen, z. B. Referate oder Vorträge, zu halten, ist eine grundlegende Kompetenz in Schule, Studium und Beruf. Viele Leute sind nervös, bevor sie eine Präsentation halten. Doch Vortragen kann man lernen, ihr solltet es deshalb üben.

Setzt euch in der Vorbereitung einer Präsentation mit folgenden Aspekten und Fragen auseinander.

1. Thema

Voraussetzung: gründliche und systematische Ausarbeitung des Themas (Recherche, siehe Seite 22/23):

- Kernaussagen des Vortrags herausarbeiten: was will ich „rüberbringen“?
- Gliederung/Struktur (Einführung: 10% / Hauptteil: 80% / Schluss: 10%): wie kann ich das Thema angemessen und kurzweilig strukturieren?
- Einstieg/Aufhänger festlegen: womit kann ich Interesse wecken?
- Präsentationsfolien oder Slides erstellen: wenig Text mit großer Schrift!
- Interesse aufrechterhalten: wie kann ich womit das Thema auflockern (bildliche Darstellungen, Beispiele, Vergleiche, Witziges, Unterhaltsames)?
- Handout/Thesenpapier erstellen: was stelle ich den Zuhörern am Ende zur Verfügung?
- Mein Manuskript: welche schriftlichen Hilfsmittel verwende ich (Karteikarten, Spickzettel)?
- Zusammenfassung am Ende formulieren: was sollen die Zuhörer „mitnehmen“?
- Feedback vorbereiten (siehe S. 50–53)

2. Ich

- Vorbereitung: Probevortrag zu Hause (vor Freund oder Spiegel, Sprachaufnahme durch PC oder Handy): Wie gehe ich mit Sprechangst und Lampenfieber um?
- Vor dem Vortrag (unbeobachtet): sich selbst ablenken, an etwas Schönes oder bisherige gute Leistungen denken, Mundwinkel an- und entspannen, einige Sätze laut vor sich hin sprechen, räuspern, dreimal tief durchatmen
- Publikum im Blick: Blickkontakt herstellen und halten
- Sprache: frei sprechen, laut, langsam, deutlich
- Sicheres Auftreten: ruhig und entspannt stehen, keine Hektik und trage Kleidung, in der du dich wohlfühlst

— *Herausgeberin:* Bundeszentrale für politische Bildung/bpb — *Autor:* Lothar Scholz — *Redaktion:* Iris Möckel — *Gestaltung:* www.leitwerk.com

Das Präsentations-Viereck II

Es gibt Annahmen darüber, was wir im Gedächtnis behalten, die besagen: Wir merken uns 10% von dem, was wir lesen, 20% von dem, was wir hören; 30% von dem, was wir sehen, 50% von dem, was wir hören und sehen. Wenn wir selbst darüber sprechen, behalten wir 70% und wenn wir etwas selbst ausprobieren und ausführen können: 90%.

3. Zuhörer⚢

- Interesse wecken und erhalten: Wie gelingt es mir, die Zuhörer⚢ für das Thema und meine Präsentation dauerhaft zu interessieren?
- Vorwissen: Welches Vorwissen hat mein Publikum (vermutlich)? Wie kann ich daran anknüpfen?
- Ablauf erläutern / Leitfragen formulieren: Warum erzähle ich was?
- Zwischenfragen: vorher klären, ob Zwischenfragen zugelassen werden oder erst am Ende erwünscht sind.
- Schriftliche Unterlagen: mitteilen, ob die Zuhörer⚢ mitschreiben müssen oder ob sie ein Handout o. ä. bekommen

4. Umgebung

- Visualisierung des Themas festlegen: für welche „Technik" entscheide ich mich (z. B. Beamer, Overhead-Projektor, PC, Board, Tafel, Poster)?
- Raum vorbereiten: wie muss der Raum gestaltet sein, damit ich eine optimale und störungsfreie Präsentation durchführen kann (z. B. genug Stühle für die Zuhörer⚢)?
- Technische Hilfsmittel überprüfen: sind alle technischen Hilfsmittel vorhanden und einsatzfähig (z. B. Kabeltrommel mit Mehrfachsteckdose)?
- Störungen während des Vortrags ausschließen: ist mit irgendwelchen Beeinträchtigungen zu rechnen (z. B. Fensterputzer⚢, Hausmeister⚢, die etwas reparieren etc.)?

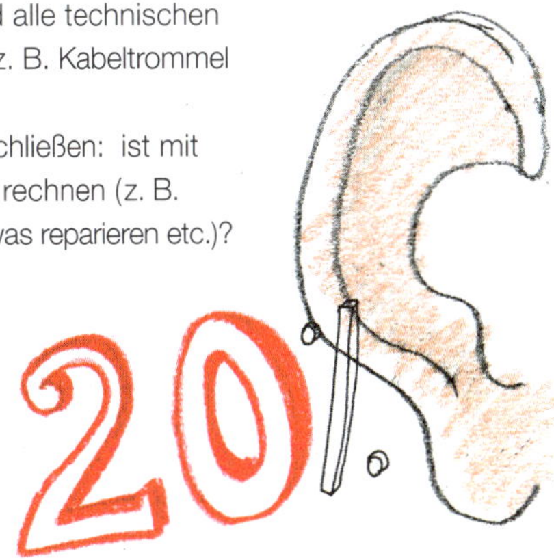

bpb — *Herausgeberin:* Bundeszentrale für politische Bildung / bpb — *Autor:* Lothar Scholz — *Redaktion:* Iris Möckel — *Gestaltung:* www.leitwerk.com

FEEDBACK GEBEN

50

Persönliches Feedback I – das Prinzip

Wer in der Schule Leistung erbringen soll - und Lernen ist eine Leistung – hat auch einen Anspruch darauf, zu erfahren, wie erfolgreich er diese Leistung erbracht hat. Denn Erfolg ist eine der wichtigsten Voraussetzungen und Motivationen dafür, weiter zu lernen und sich weiter zu entwickeln.*

Üblicherweise erfolgt die Leistungsbewertung durch Noten unter Klassenarbeiten oder in Zeugnissen. Bei diesen Zensuren stehen allerdings Fehler und Defizite sowie eine vergleichende Bewertung im Vordergrund: was ist richtig, was ist falsch und wie ist meine Leistung in einem „Notenspiegel" einzuordnen?

Doch es gibt auch eine Reihe anderer Formen von Rückmeldungen oder „Feedbacks", die vor allem ein Ziel haben: Alle, die am Unterricht beteiligt sind, sagen sich regelmäßig gegenseitig, was sie aneinander schätzen und was notwendig ist, damit alle gut lernen können und sich wohl fühlen. Grundsätzlich sollte Feedback helfen, uns selbst unserer Verhaltensweisen und unserer Leistungen bewusst zu werden und unsere Wirkung auf andere zu verstehen.

Feedback geben und Feedback nehmen will gelernt sein, besonders in einer Schulklassen-Situation. Denn was dabei ganz wichtig ist: Feedback sollte konstruktiv, förderlich und hilfreich für den Einzelnen* sein – und das erfährt und lernt man in der Schule nicht immer. Einfach nur Kritik zu äußern ist viel leichter, bringt den Betroffenen aber nicht so viel.

Einige Feedback-Regeln sind stets zu beachten – sowohl für den*, der ein Feedback erteilt (Feedback-Geber*), als auch für den*, der ein Feedback erhält (Feedback-Nehmer*).

Grundsätzlich gilt: verletzende und beleidigende Aussagen sind untersagt! Feedback wird nur gegeben, wenn der Feedback-Nehmer* es hören will und kann.

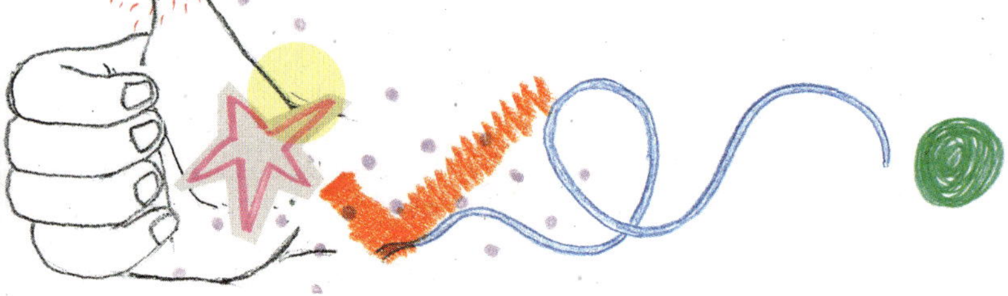

— *Herausgeberin:* Bundeszentrale für politische Bildung / bpb — *Autor:* Lothar Scholz — *Redaktion:* Iris Möckel — *Gestaltung:* www.leitwerk.com

Persönliches Feedback II – die Regeln

Feedback benötigt ein Klima des gegenseitigen Vertrauens, des Respekts und der Wertschätzung. Jeder⚧ hat das Recht darauf, ernst genommen und angehört zu werden. Umgekehrt bedeutet das die Verpflichtung, die anderen ernst zu nehmen, anzuhören und zu respektieren. Dies gilt gleichermaßen für Schüler⚧ wie für Lehrer⚧.

Feedback-Regeln

Feedback-Geber⚧

- beschreibe, wie du den anderen⚧ wahrgenommen hast
- beziehe dich dabei auf konkrete Verhaltensweisen
- beschreibe konkret und nicht verallgemeinernd
- bewerte nicht
- äußere dich konstruktiv, biete Perspektiven an
- sei offen und ehrlich
- formuliere subjektiv (in der Ich-Form) und nicht pauschalisierend
- formuliere achtsam und angemessen
- stelle Gelungenes in den Vordergrund
- ersetze Kritik durch Verbesserungsvorschläge

Feedback-Nehmer⚧

- höre aufmerksam zu und lasse den anderen⚧ ausreden
- frage nach, wenn du etwas nicht verstanden hast
- rechtfertige und verteidige dich nicht
- denke darüber nach, welche Anregungen für dich hilfreich sind und mit welchen du dich weiter auseinandersetzen willst
- sage am Ende, was du durch das Feedback erfahren hast

Wichtig ist: Es geht beim Feedback nicht darum, wer recht hat, sondern nur um persönliche Wahrnehmungen! Der Feedback-Nehmer⚧ entscheidet, welche Konsequenzen er⚧ aus dem Feedback ziehen will.

Beispiele für wertschätzende Formulierungen

Feedback-Geber⚧

„Ich habe beobachtet, dass…"
„Gut gefallen hat mir (an deinem Vortrag / deiner Ausarbeitung)…"
„Dir ist besonders gut gelungen…"
„Ich finde gut, dass du…"
„Vielleicht könntest du…"
„Darüber möchte ich gern mehr erfahren… ich möchte gern wissen…"

Feedback-Nehmer⚧

„Habe ich dich richtig verstanden…?"
„Meinst du damit, dass…"

bpb: — *Herausgeberin:* Bundeszentrale für politische Bildung / bpb — *Autor:* Lothar Scholz — *Redaktion:* Iris Möckel — *Gestaltung:* www.leitwerk.com

FEEDBACK GEBEN

52

Lerntagebuch I

Die meisten Schüler✿ machen sich wenig Gedanken über die Art und Weise, wie sie lernen. Dabei ist es besonders wichtig, gerade das zu wissen. Denn es könnte ja sein – und dies ist sehr oft der Fall – dass man schlecht lernt oder Misserfolge hat, weil man falsch lernt oder aus Lernfehlern nicht lernt. Im Folgenden lernt ihr, wie ihr euch selbst ein Feedback geben könnt.

In einem Lerntagebuch werden Beobachtungen, Gedanken und Gefühle über das eigene Lernen aufgeschrieben. Sie können bezogen sein auf einen Unterrichtsabschnitt, Projekte, Hausaufgaben oder werden über ein ganzes Schuljahr geführt. So denkst du über das eigene Lernen nach und reflektierst das Gelernte. Du lernst deine Stärken und Schwächen kennen, kannst deinen Lernprozess über einen längeren Zeitraum verfolgen, an deinen Schwächen arbeiten und deine Stärken ausbauen.

Wichtige Fragen zum Unterricht sind:

- Was habe ich Neues gelernt?
- Was davon ist wichtig für mich?
- Was ist mir aufgefallen?
  in Bezug auf fachliche und fachübergreifende Inhalte (meine inhaltliche Kompetenz)
  in Bezug auf mich als Person (meine personale und soziale Kompetenz)

Was will ich noch nachholen, was noch klären?

- Wenn ich das Thema noch einmal bearbeiten würde, würde ich…
- Ich nehme mir vor…

Ein Lerntagebuch ist auch ein Mittel, mit dem man schriftlich Feedback geben und nehmen kann. Dazu tauscht man die Lerntagebücher untereinander aus und bittet den anderen✿, sein✿ Feedback unter einen Eintrag zu schreiben. Auch die Eltern und der Lehrer✿ können die Möglichkeit bekommen, in einem separaten Feld Bemerkungen und vor allem positive Kommentare abzugeben. So erhält man selbst Anregungen zur Einschätzung seines Lernprozesses.

— Tipp: Themenblätter im Unterricht Nr. 94: Lust auf Lernen?
www.bpb.de/themenblaetter

— *Herausgeberin:* Bundeszentrale für politische Bildung / bpb — *Autor:* Lothar Scholz — *Redaktion:* Iris Möckel — *Gestaltung:* www.leitwerk.com

Lerntagebuch II

FEEDBACK GEBEN

53

Auch Lernen will gelernt sein. Aber oft wird es behindert oder blockiert. Fragen können helfen, sich über sein eigenes Lernen bewusst zu werden und seine Lernmöglichkeiten einzuschätzen.

Fragen zur Selbsteinschätzung des eigenen Lernens

- Was fällt mir besonders leicht?
- Was fällt mir besonders schwer?
- Wann lerne ich am liebsten?
- Was macht mir beim Lernen Freude?
- In welcher Umgebung lerne ich am liebsten?
- Lerne ich gerne mit Musik?
- Was lenkt mich ab?
- Lasse ich mich gerne ablenken?
- Nach welcher Zeit muss ich eine Pause machen?
- Welche Lerntricks helfen mir?
- Lerne ich am liebsten alleine oder mit anderen?
- Vor welchen Situationen im Unterricht habe ich Angst?
- Was verursacht diese Angst?
- Besonders gut gelernt habe ich, als…
- Besonders schlechte Leistungen hatte ich, als…
- Welcher Lerntyp bin ich (auditiv, visuell, kommunikativ, haptisch-motorisch)?

Weitere Lerntipps findest du unter:
www.schulweb.de/de/seiten/zeigen.html?seite=1328

bpb: — *Herausgeberin:* Bundeszentrale für politische Bildung / bpb — *Autor:* Lothar Scholz — *Redaktion:* Iris Möckel — *Gestaltung:* www.leitwerk.com

FEEDBACK GEBEN

54

Civic Portfolio I

Demokratie und Partizipation kann und muss schon in der Schule gelernt und geübt werden. Was ihr dabei lernt und wo ihr euch engagiert, könnt ihr in einem Civic Portfolio dokumentieren.

Möglicherweise kennt ihr das Europäische Sprachenportfolio, in dem ihr eure Sprachkompetenzen und ihre Entwicklung dokumentieren könnt. Eine vergleichbare Funktion hat das Civic Portfolio, nur dass hier Bürger(schafts)-Kompetenzen im Mittelpunkt stehen.

Bürger(schafts)-Kompetenzen sind Fähigkeiten, die notwendig sind, um in gesellschaftlichen Angelegenheiten mitreden und mitwirken zu können. So ist es z. B. notwendig, Meinungen von Tatsachen unterscheiden zu können, um sich ein eigenes Urteil zu bilden. Oder: wenn ich nicht will, dass andere über mich bestimmen, muss ich selbst bereit sein, mich einzusetzen und Verantwortung zu übernehmen. Das sind Kompetenzen auf dem Weg zum Bürger*in, die in der Schule gelernt werden können (und sollen).

Das Civic Portfolio wird als Heft oder Mappe geführt. Im 1. Teil listest du in einer Tabelle auf, bei welchen Gelegenheiten und Orten (wann, wo, wie) du dich schon einmal beteiligt hast oder als angehender Bürger*in aktiv geworden bist (siehe S. 60). Das kann im Unterricht (z. B. seine Meinung äußern), in der Schule (z. B. in der Schülervertretung mitarbeiten) oder im gesellschaftlichen Umfeld (z. B. ältere Leute unterstützen) sein.

Die Tabelle kann so aussehen:

Datum	Unterricht	Schule	Umfeld	Art des Engagements

Im 2. Teil sammelst du alle Unterlagen (Infos, Texte, eigene Ausarbeitungen, Fotos, Bescheinigungen. Wichtig: Datum notieren!), mit denen du deine Aktivitäten dokumentieren kannst.

— *Herausgeberin:* Bundeszentrale für politische Bildung / bpb — *Autor:* Lothar Scholz — *Redaktion:* Iris Möckel — *Gestaltung:* www.leitwerk.com

Civic Portfolio II

FEEDBACK GEBEN

55

Das Civic Portfolio zeigt, welche Bürger(schafts)-Kompetenzen ihr (bereits) erreicht habt.

Im 3. Teil des Civic Portfolios kannst du einschätzen und vermerken, welche Bürger(schafts)-Kompetenzen du bereits erworben hast. Wichtig ist, die Tabelle mit Bleistift auszufüllen, damit du Veränderungen vornehmen kannst.

Bürger(schafts)-Kompetenzen können sein:	++	+	o
eigene Meinung äußern			
Meinungen anderer respektieren			
Kritik ertragen			
kritische Fragen stellen			
Informationen von Meinungen unterscheiden			
mit anderen zusammenarbeiten			
selbständig Informationen beschaffen			
Informationen kritisch auswerten			
Interessen erkennen			

	++	+	o
begründet argumentieren			
selbst Verantwortung übernehmen			
friedlich miteinander umgehen			
für Gleichberechtigung eintreten			
Streit schlichten			
für Schwächere eintreten			
gegen Vorurteile und Beleidigungen eintreten			
eigene Vorhaben planen und durchführen			

++ (kann ich sehr gut) / + (kann ich gut) / 0 (daran muss ich noch arbeiten)

bpb: — *Herausgeberin:* Bundeszentrale für politische Bildung/bpb — *Autor:* Lothar Scholz — *Redaktion:* Iris Möckel — *Gestaltung:* www.leitwerk.com

FEEDBACK GEBEN

56

Evaluation I

Schüler∆̈ möchten guten Unterricht bekommen, Lehrer∆̈ möchten guten Unterricht halten. Deshalb haben alle ein Interesse daran, den Unterricht besser zu machen. Dazu ist es notwendig, dass alle Beteiligten darüber nachdenken, wie erfolgreich der Unterricht, der stattgefunden hat, gewesen ist. Diese Überprüfung (Evaluation) dient dazu, eine Einschätzung der Betroffenen über Lernprozesse zu erhalten, um Schlussfolgerungen für das weitere Lernen zu ziehen.

Im Unterschied zum Feedback enthält eine Evaluation auch wertende Einschätzungen, zum Beispiel auf einer Skala, bei der die niedrigste Ziffer die beste, die höchste Ziffer die schlechteste Einordnung ist (oder umgekehrt). Auch Mängel können beschrieben werden.

Methoden

Blitzlicht

Beispiel: Am Ende einer Unterrichtseinheit werden alle Schüler∆̈ gebeten, reihum einen Satzanfang, der auf einer Karte steht, zu vollenden: „Mir hat beim Thema xy gefallen…" Die Karte wird dann an den Nachbarn∆̈ weitergegeben, der∆̈ nun das Wort hat.

Positionslinie (siehe S. 34)

Die Schüler∆̈ stellen sich anhand einer (gedachten oder markierten) Linie im Klassenzimmer auf und positionieren sich im Verhältnis zu zwei Polen: linker Pol: „Das Thema war für mich wichtig!"; rechter Pol: „Das Thema war für mich nicht wichtig!" Jeder∆̈ begründet seine Position.

— *Herausgeberin:* Bundeszentrale für politische Bildung / bpb — *Autor:* Lothar Scholz — *Redaktion:* Iris Möckel — *Gestaltung:* www.leitwerk.com

Evaluation II

Evaluation im Unterricht bedeutet, dass Schüler⚥ und Lehrer⚥ stärker Verantwortung für das Lehren und Lernen übernehmen. Dies gelingt dann, wenn gemeinsam Schlussfolgerungen gezogen werden.

Fragebögen

Beispiel: Auf einem Fragebogen machen die Schüler⚥ Kreuzchen in einer Tabelle an der Stelle, die ihrer persönlichen Meinung am nächsten steht.

Ich empfand die Menge der Hausaufgaben...

zu viel				zu wenig

Die Klassenarbeit war…

zu schwer				zu leicht

Der Unterrichtsstoff war…

zu schwer				zu leicht

Die Erklärungen des Lehrers⚥ waren…

verständlich				nicht verständlich

Weiteres Beispiel: Ein Fragebogen zur Einschätzung der Gruppenarbeit. Die Schüler⚥ kreuzen an der entsprechenden Stelle an. Ihr könnt für euch selbst weitere Fragen formulieren, die ihr für eure Gruppenarbeit für wichtig haltet.

	ja	teilweise	nein
In der Gruppe waren wir uns über die Ziele klar			
Der Ablauf und die Reihenfolge der Arbeiten waren uns klar			
Die Rollen und Aufgaben waren geklärt			
Alle arbeiteten aktiv mit			
Vereinbarungen wurden eingehalten			
Die Mitglieder der Gruppe fühlten sich wohl			
Mit Konflikten konnten wir konstruktiv umgehen			

(Karten-)Abfrage

Die Schüler⚥ schreiben auf verschiedenfarbige Karten Standpunkte zu folgenden Impulsen: „Der Unterricht hat mir gut gefallen, weil...“ (grüne Karte), „Der Unterricht hat mir überhaupt nicht gefallen, weil..." (rote Karte).

bpb: — *Herausgeberin:* Bundeszentrale für politische Bildung / bpb — *Autor:* Lothar Scholz — *Redaktion:* Iris Möckel — *Gestaltung:* www.leitwerk.com

FEEDBACK GEBEN

58

Evaluations-Instrumente I

Bildliche Evaluationsinstrumente haben den Vorteil, dass sie auf einen Blick allen ermöglichen zu sehen, wie der Unterricht eingeschätzt worden ist. Sie können gemeinsam in der Klasse betrachtet werden. Es sind viele weitere Varianten denkbar.

Smileys

Smileys anzukreuzen (oder in eine Vorlage z. B. ohne Mund einzuzeichnen) ist eine schnelle und einfache Methode, seine Zufriedenheit auszudrücken.

Zielscheibe

In der Zielscheibe markiert ihr in den einzelnen Segmenten, wie ihr den jeweiligen Aspekt bewertet. Wie bei einer Dartscheibe ist die Mitte (= 1) die beste Bewertung.

Evaluationsscheibe
1 = sehr gut
5 = sehr schlecht

Mit einer solchen Scheibe könnt ihr die Ergebnisse eurer Arbeit bewerten, indem ihr Punkte an den passenden Orten platziert. Die angegebenen Kriterien sind Beispiele:

- Wichtigkeit des Themas für mich / uns
- Mein persönlicher Lernerfolg
- Gestaltung des Unterrichts
- Klima in der Klasse / Gruppe
- räumlich-organisatorische Lernbedingungen
- Mein Wohlbefinden
- …

— *Herausgeberin:* Bundeszentrale für politische Bildung / bpb — *Autor:* Lothar Scholz — *Redaktion:* Iris Möckel — *Gestaltung:* www.leitwerk.com

Evaluations-Instrumente II

FEEDBACK GEBEN

59

„Evalandschaft“

In der Evaluationslandschaft setzt ihr einen Punkt auf eine Stelle des Landschaftsbildes, die für euch symbolisch eure Einschätzung z. B. des Lernerfolges zum Ausdruck bringt. Ihr verknüpft also eure Einschätzungen assoziativ mit Punkten auf der Landschaft.

Beispiele: Punkt auf dem Weg zum Gipfel eines Berges kann bedeuten: Ich habe einen großen Lernanstieg zu verzeichnen; Punkt am Ufer: Ich habe endlich festen Boden unter mir.

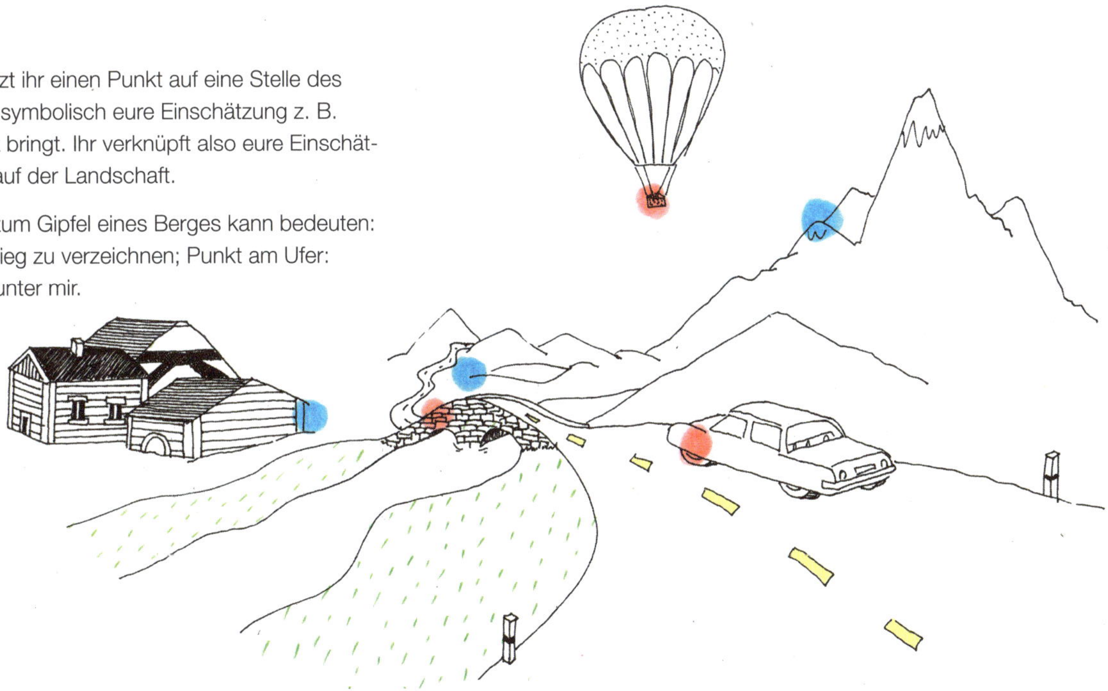

bpb: — *Herausgeberin:* Bundeszentrale für politische Bildung / bpb — *Autor:* Lothar Scholz — *Redaktion:* Iris Möckel — *Gestaltung:* www.leitwerk.com

Aktivitäten

Hier ist eine Auflistung von Möglichkeiten, sich zu informieren, die eigene Meinung zum Ausdruck zu bringen und aktiv zu werden. Überlegt euch weitere politische Handlungsformen!

Sich informieren

- Bei Ämtern (Gemeinde-, Stadtverwaltung, Behörden etc.) nachfragen
- Abgeordnete, Mandatsträger, Vertreter von Parteien oder Verbänden aufsuchen
- Bürgerinitiativen, Selbsthilfegruppen, Umwelt- und Menschenrechtsorganisationen um Informationsmaterial oder Auskunft bitten
- Bibliotheken oder Archive nutzen
- Nachrichten in Tageszeitungen oder im Fernsehen verfolgen
- Im Internet forschen
- Umfragen, Interviews und Befragungen (z. B. Eltern, Bekannte, Passanten) durchführen
- Beobachtungen, Erhebungen und Untersuchungen vornehmen

Seine eigene Meinung zum Ausdruck bringen

- Berichte für die Schülerzeitung schreiben
- Leserbriefe an Zeitungen verfassen
- Eingaben, Petitionen, Beschwerdebriefe schreiben
- Sich an Unterschriftenaktionen beteiligen
- Sich an Kundgebungen, Demonstrationen, Mahnwachen beteiligen
- An Befragungen, Wahlen und Abstimmungen teilnehmen
- An Bürgerversammlungen, öffentlichen Diskussionen teilnehmen

Sich organisieren und aktiv werden

- im Unterricht: Aktivitäten in der Klassengemeinschaft oder im Klassenrat, Beteiligung bei Wettbewerben, Organisation von Klassenfesten, -fahrten, -projekten
- in der Schule: Mitarbeit in der Schülervertretung, Hausaufgabenhilfe, Pausenbuddy, Schülerlotse, Streitschlichter, Ferienbetreuung
- im sozialen Umfeld: Betreuung und Unterstützung älterer Leute (Service Learning)
- Mitarbeit in Projekten des Umweltschutzes, Engagement in sozialen Einrichtungen, Organisationen, Vereinen, Jugendparlamenten

— *Herausgeberin:* Bundeszentrale für politische Bildung / bpb — *Autor:* Lothar Scholz — *Redaktion:* Iris Möckel — *Gestaltung:* www.leitwerk.com

PEFC
PEFC/18-31-226
Certificato PEFC
Questo prodotto è realizzato con materia prima da foreste gestite in maniera sostenibile e da fonti controllate
www.pefc.it

Sperling & Kupfer usa carta certificata PEFC
che garantisce la gestione sostenibile delle risorse forestali

GRAFICA VENETA
CARBON NEUTRAL

Questo libro è fabbricato da Grafica Veneta S.p.A.
con un processo di stampa e rilegatura certificato 100% carbon neutral
in accordo con PAS 2060 BSI

Finito di stampare presso Grafica Veneta S.p.A.
Via Malcanton, 2 – Trebaseleghe (PD)
Printed in Italy